盖尔范德中学生数学思维丛书

函数和图像

Functions and Graphs

[乌克兰] 伊斯雷尔·盖尔范德
[乌克兰] 伊莲娜·格拉戈勒娃 著
[俄罗斯] 埃马努伊尔·薛诺
麻希南 胡长青 译

中国科学技术大学出版社

安徽省版权局著作权合同登记号：第 12191907 号

图书在版编目(CIP)数据

函数和图像/(乌克兰)伊斯雷尔·盖尔范德,(乌克兰)伊莲娜·格拉戈勒娃,(俄罗斯)埃马努伊尔·薛诺著;麻希南,胡长青译. —合肥:中国科学技术大学出版社,2020.12(2024.8 重印)
(盖尔范德中学生数学思维丛书)
ISBN 978-7-312-05005-3

Ⅰ.函… Ⅱ.①伊… ②伊… ③埃… ④麻… ⑤胡… Ⅲ.函数—图像 Ⅳ.O174

中国版本图书馆 CIP 数据核字(2020)第 122404 号

函数和图像
HANSHU HE TUXIANG

出版 中国科学技术大学出版社
安徽省合肥市金寨路 96 号,230026
http://www.press.ustc.edu.cn
https://zgkxjsdxcbs.tmall.com
印刷 合肥市宏基印刷有限公司
发行 中国科学技术大学出版社
经销 全国新华书店
开本 710 mm×1000 mm 1/16
印张 6.5
字数 90 千
版次 2020 年 12 月第 1 版
印次 2024 年 8 月第 8 次印刷
定价 29.00 元

译　者　序

中学数学教育的重要性毋庸多言.中学数学该怎么学?这是一个重大的课题,可能每位数学老师都有自己的独特见解.译者们在大学里教授数学课程时,时常能见到很多在中学阶段学习成绩很好的学生,在学习大学数学的过程中难以适应,甚至屡屡碰壁.究其原因,中学阶段的数学教学往往是以训练解题技巧为主,学生们可以通过做大量的练习提高熟练度,进而提高成绩.但要学好大学数学,则需要学生们主动思考,理解数学思维,提高数学素养.就数学教育而言,这种脱节是十分令人遗憾的.能否找到一些更加强调数学思维的数学教材,让我们的中学生们在未来进入大学后可以比较快地适应大学数学课程呢?

大约两年前,本丛书的译者之一在北美进行学术交流时,有幸由加拿大麦吉尔(McGill)大学管鹏飞教授介绍而接触到本丛书.管鹏飞教授盛赞了这套丛书,认为它体系独特并且强调了数学是如何自然引出和走向远方的.在粗略阅读后,我们发现这套丛书的作者确实是高屋建瓴,对于很多知识点的引入非常精妙,前后知识点的衔接非常自然,就连习题的设置也常常别出心裁.更重要的是,贯穿于正文与习题深处的,正是我们一直希望学生们能早点掌握的数学思维方式.开始时,我们只是想着让自己的孩子学习这套丛书.后来仔细一想,既然这套丛书这么好,而国内又难以见到,为什么不翻译出来让大家都能获益呢?

这套丛书的主创者伊斯雷尔·盖尔范德(I. M. Gelfand)是20世纪非常伟大的数学家之一.他是首届沃尔夫奖(数学终身成就奖,1978年开始颁发,被誉为数学领域的诺贝尔奖)获得者,在数学、数学物理、生物学等多个学科都做出了卓越的贡献.此外,盖尔范德还是一位杰出的数学教育家.他不仅培养出了大量极其优秀的数学工作者,创立了“盖尔范德学派”,还先后在苏联和美国建立了旨在促进中学数学教育的函授学校,并为中学生们撰写了多本优秀的教材.在教学上,他善于启发和提出问题,善于从新的角度重新思考已知的结果.这些特点在这套丛书中表现得淋漓尽致.可以说,除了他证明的诸多高深而绝妙的定理外,这套丛书同样是盖尔范德为后人留下的宝贵财富.

我们翻译这套丛书,并非是希望用这些书去替代现有的中学教材,这样既不现实,也并不符合我们目前的考纲和考情.但我们相信,这套丛书能够成为中学生们绝佳而“另类”的课外数学读物.目前,市面上流行的课外读物大多可归于两类:一类是以奥数为导向的,主要是把复杂的数学技巧模块化,训练中学生们解答难题的能力;另一类是趣味数学读物,要么讲讲有趣的数学故事或者带领大家领略数学史上的一些奇观,要么把数学知识糅合在各种故事或趣题中.这些书或可提升中学生们的解题能力,或可提升中学生们学习数学的兴趣.但它们并不系统,尤其缺乏核心营养,即缺乏对建立核心数学思维方式的引导.我们希望本丛书能为中学生们补一补核心营养.

本丛书的起点并不高,绝大部分内容只要是基础较扎实的初中生就可以“读懂”.但我们对读者的建议是,读这些书的时候一定要多思考,因为知道为什么比知道是什么更重要.要有渴求知识和探索问题的愿望.多读、多练、多思考,学习从来都没有捷径,从来都不可能不劳而获.每本书都如一架长长的梯子,它们往往是通往高等数学的重要路径.

目前,在很多学校都流行着一个“短板理论”,即把每位学生都比喻为一个木桶,而把学习的过程比喻为往桶里装水的过程,由此激励大家不要有短板,因为木桶能装的水量取决于该木桶最短木板的高度.但我们想说的是,作为老师,我们并不应该把学生们当作一个个有待我们去填满的木桶.他们更应是一个个火种,一旦以合适的方式点燃,就可以自己燃烧,乃至于光芒四射!

希望本丛书能为读者们开启一扇理解数学的窗口.

麻希南　王作勤

2020年12月

前　言

利用一本书来学习作图不是一件容易的事情:因为读者无法享受到使用黑板的好处,而在一堂课或者一次讲座的整个过程中,老师是可以用黑板来画出图像的.因此,作者摒弃了通常只显示最终形式的那种画图模式,而是请本书的插图画家 V. B. Yankilevskii 和 V. V. Smolyaninov,把本书正文的边栏当作黑板使用,来逐步展示解题思路.

参看边栏的图表,读者会发现能够很容易地一步一步作出整个图像.

本书理论讲述的一部分是以问题的形式展现的.要想充分理解正文的内容,需要仔细地研究包含在正文中的所有问题和例题.

在编写本书时,作者受益于很多同事的帮助与建议,他们是 V. M. Alekseev, V. I. Keilis-Borok, A. A. Kirillov, I. Kh. Sivashinskii, S. V. Formin 和 M. L. Tsetlin.作者对他们表示感谢.尤其要感谢本书的编辑 B. V. Shabat,他的工作极大地改进了本书.

作者也要感谢莫斯科国立大学数学函授学校的学员们,他们提出了自己对于本书的很多意见;作者还要感谢 N. B. Vassiev 和 V. L. Gutenmakher,他们在本书的编写过程中给予了极大的帮助.

伊斯雷尔·盖尔范德

目　　录

引　言

在图 0.1 中，读者可以看到一台地震仪绘出的两条曲线，上面的那条曲线记录了无扰动情况下的地壳信号，下面的那条曲线则显示了一次地震信号.

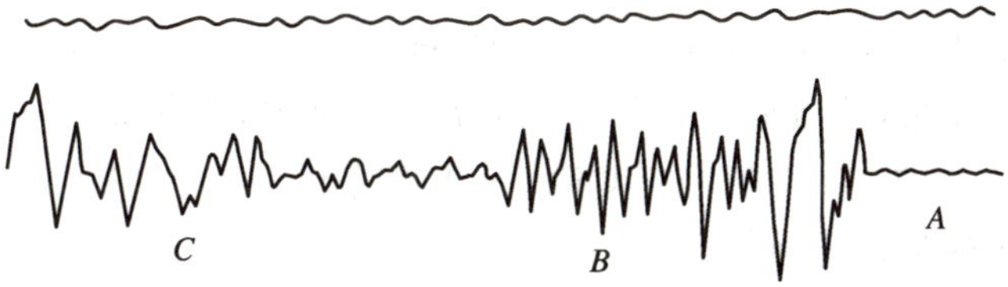

图 0.1

在图 0.2 中有两条心电图曲线，上面一条显示了正常人的心跳，下面一条则来源于一个心脏病患者.

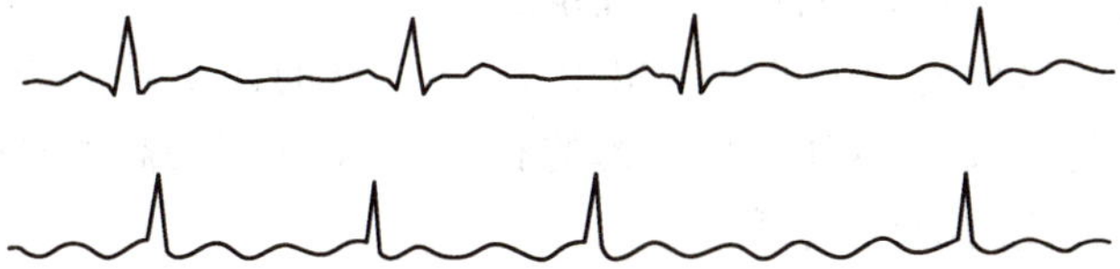

图 0.2

图 0.3 显示了半导体元件的特征，即曲线显示了电流强度与电压的关系.

通过分析地震波图，地震学家可以发现，地震是在何时以及在何地发生的，而且能确定地震的强度和地震波的特征. 医生通过分析心电图诊断病人，能够判断心脏活动中的障碍；心电图可以帮助医生正确地诊断疾病. 通过分析半导体元器件的特征曲线，无线电电气工程师能够选择最适合的工作条件.

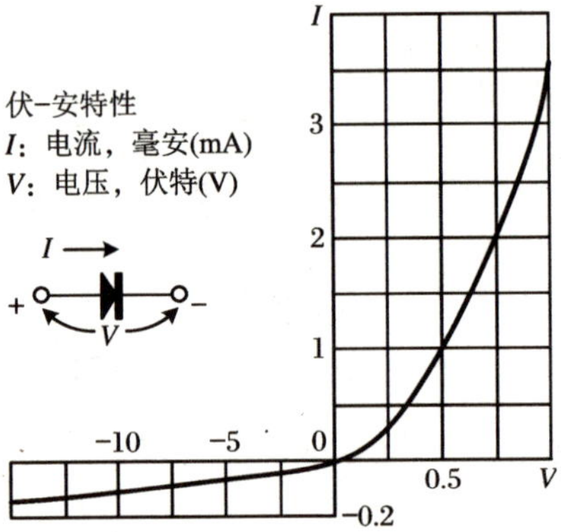

图 0.3

所有这些人,都是通过图形来研究相应的函数的.

那么,什么是函数?什么是函数的图像?

在给出函数的准确定义之前,让我们先谈论一下这个概念.用描述性的语言来讲,对一个量,数学家称它为自变量,并通常记成字母 x,其每一个数值,都有另外一个量 y 的一个数值与它对应,这样就给出了一个函数. y 代表的量称为函数.

比如说,在一次地震期间地球表面位移的大小,在每一时刻有确定的值,也就是说,位移是时间的函数.半导体元器件中的电流强度是电压的函数,因为每一个给定的电压值,都会对应一个确定的电流强度值.

这样的例子可以举出很多:一个球的体积是它的半径的函数,一块垂直向上抛的石头,所能达到的高度是初始速度的函数,等等.

现在让我们转到精确的定义.要称量 y 是 x 的函数,首先我们要明确 x 可以取哪些值.这些被"允许"的自变量 x 的值,我们称之为**"允许值"**,并且量或变量 x 的所有这些允许值的集合称为函数 y 的**定义域**.

例如,如果我们说球的体积 V 是半径 R 的函数,那么函数 $V=\frac{4}{3}\pi R^3$ 的定义域是所有大于零的数,因为球的半径只能是一个正数.

只要一个函数给定了,就必须说明其定义域.

定义　我们称 y 是变量 x 的**函数**,如果:

(1) 明确什么样的 x 值是允许的,即给出了函数的定义域；

(2) 对于每一个 x 的允许值，恰有变量 y 的一个值与它对应.

代替“变量 y 是变量 x 的函数”这个写法，人们常常记成

$$y=f(x)$$

(读作：“y 等于 x 的 f 值”).

记号 $f(a)$ 表示当 x 等于 a 时函数 $f(x)$ 的数值，比如，如果

$$f(x)=\frac{1}{x^2+1},$$

那么

$$\begin{cases} f(2)=\dfrac{1}{2^2+1}=\dfrac{1}{5} \\ f(1)=\dfrac{1}{1^2+1}=\dfrac{1}{2} \\ f(0)=\dfrac{1}{0^2+1}=1 \\ \cdots \end{cases}.$$

对每一个 x 的值，求得相应的 y 值的规则，可以通过不同的方法给出，并且对此规则的表达形式不加限制. 如果读者被告知说 y 是 x 的函数，那么他只需确认：

(1) 给出了定义域，即明确了 x 能够取的数值.

(2) 给出了一个规则，借助它，对于每一个 x 的允许值，可以有唯一的 y 值与之对应.

这是什么样的规则呢?

让我们举一些例子.

例 0.1 假定我们被告知说，x 可以取任意实数，y 可以由以下公式求出：

$$y=x^2,$$

则函数 $y=x^2$ 是由公式给出的.

规则也可以是文字形式的.

例 0.2 函数 y 由以下方式给出：

如果 x 是一个正数，则 y 等于 1；如果 x 是一个负数，则 y 等于 -1；如果 x 等于 0，则 y 等于 0.

让我们另外再给出一个以文字表达函数的例子.

例 0.3 每一个数 x 能写成如下形式：

$$x = y + \alpha,$$

这里 α 是小于 1 的非负实数，而 y 是整数. 显然每一个数 x 对应着唯一的一个数 y，即 y 为 x 的函数. 这个函数的定义域为整个实数轴. 这个函数称为"x 的整数部分"，并记之为

$$y = [x].$$

例如：

$[3.53] = 3$，$[4] = 4$，$[0.3] = 0$，$[-0.3] = -1$.

我们将在以后的练习中用到这些函数.

例 0.4 考虑由以下公式定义的函数 $y = f(x)$：

$$y = \frac{\sqrt{x+3}}{x-5},$$

则此函数的定义域应当是什么？

如果一个函数是由公式给出的，那么我们通常考虑其**自然**定义域，即能够将公式所指明的运算实现出来的全体的数的集合，这意味着我们的函数的定义域不能包含 5（因为当 $x = 5$ 时，分母为零）以及 x 不能比 -3 小（因为对 $x < -3$ 的情况，根号里的表达式为负数，不成立）. 因此，函数

$$y = \frac{\sqrt{x+3}}{x-5}$$

的自然定义域是所有满足关系

$$x \geqslant -3, \quad x \neq 5$$

的数.

函数也可以借助图形以几何的方式表示. 为了作出某个函数的图像，让我们考虑 x 的一些允许值以及对应的 y 值. 例如，若 x 的值是数 a，y 对应的数值为 $b = f(a)$. 我们把这一对数 a 和 b 用平面中坐标为 (a, b) 的点来表示. 对 x 所有的允许值作出这样的点，则所有以这样的方式得到点的集合就是函数的图像.

定义　函数的图像是所有这样的点的集合，其横坐标为自变量 x 的允许值，纵坐标为函数 y 所对应的值.

例如，图 0.4 为函数

$$y = [x]$$

的图像.

图 0.4 所示的是由水平线段构成一个无限集. 箭头

表明这些线段的右端点不属于此图像(但左端点却属于它,故以黑点标记).

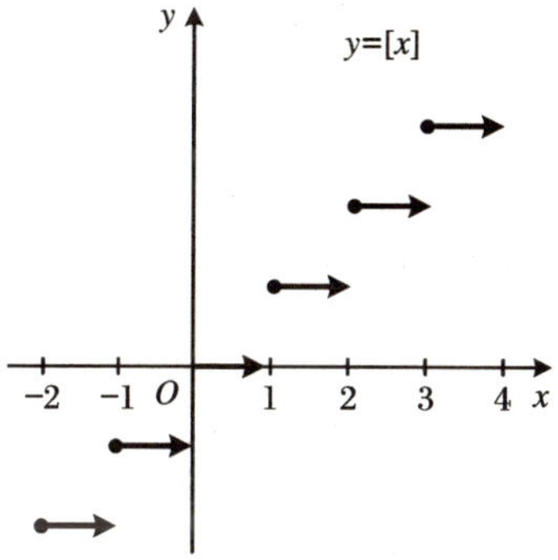

图 0.4

图像可以充当定义函数的一种规则. 比如说,从半导体元器件的特征曲线可以确定(图 0.5),如果自变量 V 等于 0.6 V,则函数 I 等于 1.3 mA.

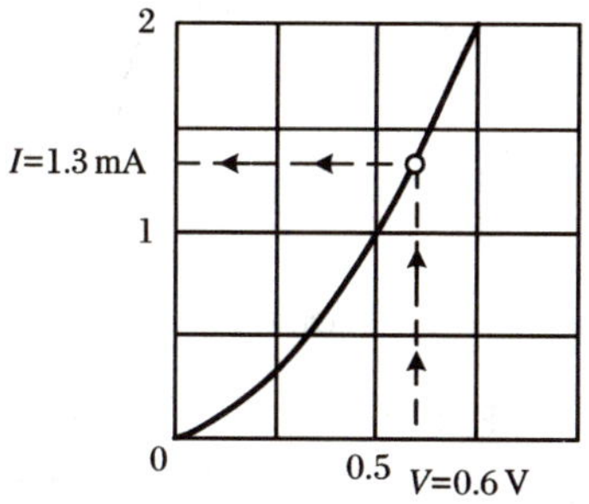

图 0.5

用图像来表示函数是非常方便的,因为,通过看图像,可以立刻把一个函数与其他的函数区分开来.

读者可以再去看一下图 0.1 中下方的曲线. 在这个图中,最有经验的人会立刻识别出地震的信号(B 部分和 C 部分). 更仔细地观察,他将会注意到 B 与 C 两部分波形的特征的差异(地震学家能够指出 B 部分表示的可称为 p 波,这个波在地壳的深处传播,而 C 部分则表示在地表层传播的 s 波).

利用并列的数据表,试着将这两部分区别开来(表 0.1)(我们在这里不能列出包括整条曲线的数值表,因为这将占用一整张纸. 在边栏上读者看到的仅是 B 和 C 两段的一小部分).

表 0.1

p 波 (间隔 0.2 s)	s 波 (间隔 0.4 s)
0.1	0.2
0.1	0.5
−1.6	2.5
−1.7	4.9
−2.4	7.1
−3.0	6.1
−4.5	3.8
−3.8	0.4
−2.9	0.2
−1.1	0.7
0.8	1.5
3.3	2.5
5.1	3.2
3.7	2.8
0.0	0.4
−2.0	−2.2
−4.4	−3.3
−5.8	−4.5
−3.8	−4.8
−1.6	−4.8
	−4.8
	−3.7
	−3.5
	−4.4
	−6.6

图 0.6 显示了由两个非常相似的公式

$$y=\frac{1}{x^2-2x+3}$$

与

$$y=\frac{1}{x^2+2x-3}$$

所定义的两个函数的图像.

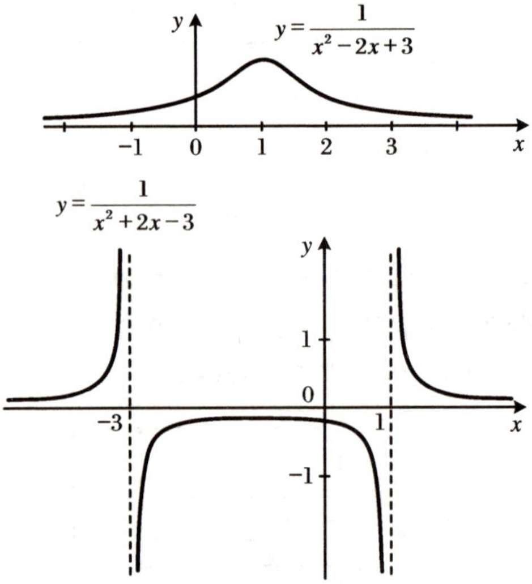

图 0.6

当然,这两个函数行为的差异也可以从它们的公式识别出来.但是如果人们看它们的图像,则差异立现.

每当需要解释函数的一般行为,找出它与众不同的特性时,图像是不可替代的,因为图像具有可视化的特点.因此,一旦工程师或科学家用公式或表格的形式获得了他所关注的函数后,他通常就会拿起笔画出函数图像的草图,以看出它的行为如何,好知道它“长得像什么样子”.

第 1 章
例　　子

1.1

如果按字面的意思来理解定义,那么为了作出某个函数的图像,需要找出自变量和相应的函数值的全部数对,然后以这些数对为坐标描出全部的点.实际上,在绝大多数情况下是不可能做到这一点的,因为有无穷多个这样的点.因此,通常是用一条光滑的曲线将图像上的一些点连接起来.

我们用这种方式来作出函数

$$y=\frac{1}{1+x^2} \tag{1.1}$$

的图像.

让我们选取自变量的某些值,求出对应的函数值,并填写在表格中(表 1.1).我们画出已经计算出坐标的这些点,然后,先暂时用虚线把它们连起来(图 1.1).

表 1.1　$y=\frac{1}{1+x^2}$

x	y
0	1
1	$\frac{1}{2}$
2	$\frac{1}{5}$
3	$\frac{1}{10}$

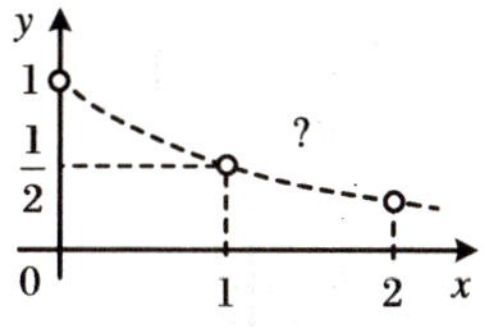

图 1.1

x	y
$1\frac{1}{2}$	$\frac{4}{13}$
$\frac{1}{2}$	$\frac{4}{5}$

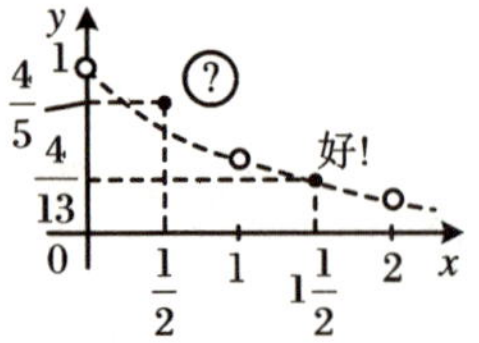

验证一下!

图 1.2

现在让我们看看,在图像上已经找到的那些点之间,我们是否已经准确地画出了曲线.为此,让我们取自变量的一个中间的值,比如说,$x=1\frac{1}{2}$,计算出对应的函数值 $y=\frac{4}{13}$.得到的点 $\left(1\frac{1}{2},\frac{4}{13}\right)$ 很好地落在了虚线上(图 1.2),因此我们画得相当准确.

现在试一试 $x=\frac{1}{2}$.于是 $y=\frac{4}{5}$,而相应的点位于虚线的上方(图 1.2).这意味着在 $x=0$ 和 $x=1$ 之间,图像没有按我们所期望的样子去走.我们在这有疑问的部分里再取两个值:$x=\frac{1}{4}$ 和 $x=\frac{3}{4}$.在连接所有的这些点之后,我们得到如图 1.3 所示的更精确的曲线.根据检验,点 $\left(\frac{1}{3},\frac{9}{10}\right)$ 和 $\left(\frac{2}{3},\frac{9}{13}\right)$ 很好地符合了曲线.

x	y
$\frac{1}{4}$	$\frac{16}{17}<1$
$\frac{3}{4}$	$\frac{16}{25}=0.64$

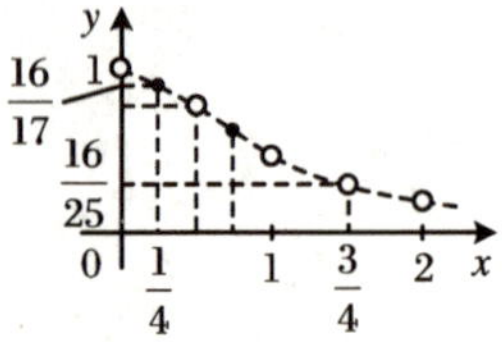

再验证一下

x	y
$\frac{1}{3}$	$\frac{9}{10}$
$\frac{2}{3}$	$\frac{9}{13}$

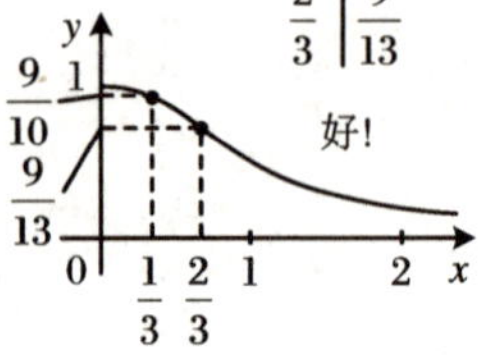

图 1.3

1.2

为了作出左半部分的图像,需要对负的自变量数值也填写一个表.这很容易,例如,对 $x=2$ 我们有

$$y=\frac{1}{2^2+1}=\frac{1}{5},$$

对 $x=-2$ 我们有

$$y=\frac{1}{(-2)^2+1}=\frac{1}{5}.$$

这意味着与点 $\left(2,\frac{1}{5}\right)$ 一起,图像还包含有点 $\left(-2,\frac{1}{5}\right)$,它与第一个点关于 y 轴对称.

一般地,如点 (a,b) 在我们图像的右半部分上,那么它的左半部分将包含有点 $(-a,b)$,它与点 (a,b) 关于 y 轴对称(图 1.4).因此,为得到函数(1.1)的图像的左半部分,需要把这个图像的右半部分关于 y 轴作镜像.

x	y
1	$\frac{1}{2}$
2	$\frac{1}{5}$
3	$\frac{1}{10}$
⋮	

x	y
−1	$\frac{1}{2}$
−2	$\frac{1}{5}$
−3	$\frac{1}{10}$
⋮	

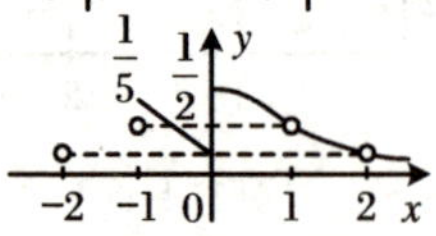

图 1.4

图 1.5 显示了图像的总体形状.

如果我们做事轻率,并且用最开始的那个草图,去画出对应于负的 x 的那部分图像的话(图 1.1 和图 1.2),那

么在 $x=0$ 处将会有一个“细长的尖顶”（尖角）. 在准确的图像中，是没有这样的细长尖顶的，而是一个光滑的“穹顶”.

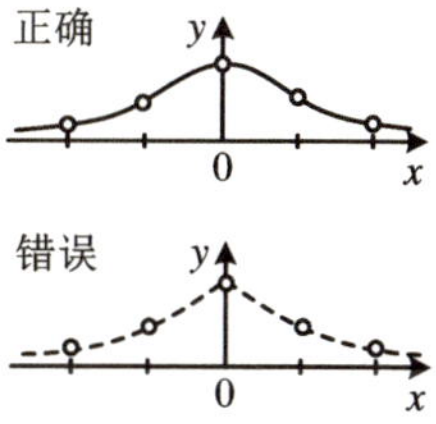

图 1.5

$f(-a)=f(a)$

如果某个函数，对于任意的两个绝对值相等但符号相反的自变量的值(即a和$-a$)，函数值都相等，则这样的函数称为偶函数.任何偶函数都具有关于y轴对称的图像(图1.6).

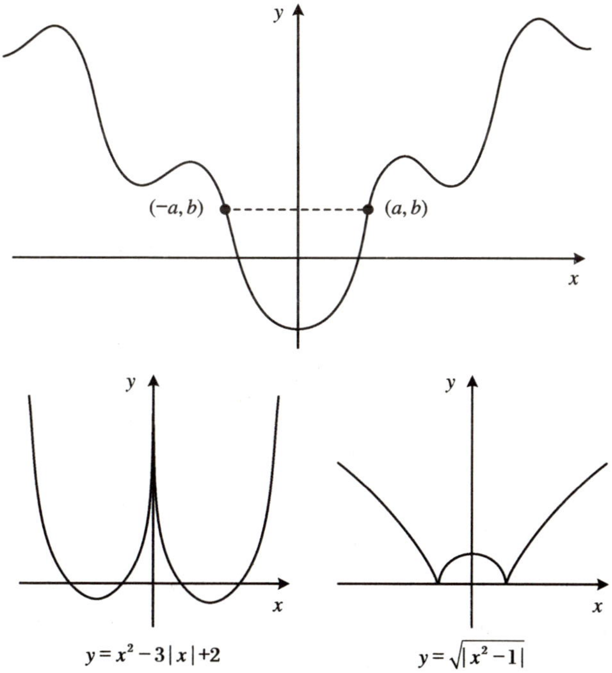

图 1.6

练　习

1. 函数

$$y=\frac{1}{3x^2+1} \tag{1.2}$$

的图像类似于函数

$$y=\frac{1}{x^2+1}$$

的图像，请将它作出来.

2. 下列函数中哪几个是偶函数？

(1) $y=1-x^2$；

(2) $y = x^2 + x$;

(3) $y = \dfrac{x^2}{1 + x^4}$;

(4) $y = \dfrac{1}{1 - x} + \dfrac{1}{1 + x}$.

1.3

现在我们考虑函数

$$y = \frac{1}{3x^2 - 1}. \tag{1.3}$$

在形式上这个式子与式(1.2)只相差了一点点.然而,在用描点法来作这个函数的图像时,麻烦立刻出现了.

让我们再次制出一个表格,并用表格中算好的点来绘制草图.但我们不清楚如何把这些点连接起来,点(0,−1)似乎不好“放”(图 1.7).自己试着作出这函数的图像.为了弄明白这条曲线的表现,你不得不求出比预期更多的点,但不要失去信心.

我们强烈建议你去阅读本章接下来的内容,看看作者们是如何画出这个图像的,并且从这个作图的过程中能获得哪些有用的结论.

$y = \dfrac{1}{3x^2 - 1}$

x	y
0	−1
1	$\frac{1}{2}$
2	$\frac{1}{11}$
−1	$\frac{1}{2}$
−2	$\frac{1}{11}$

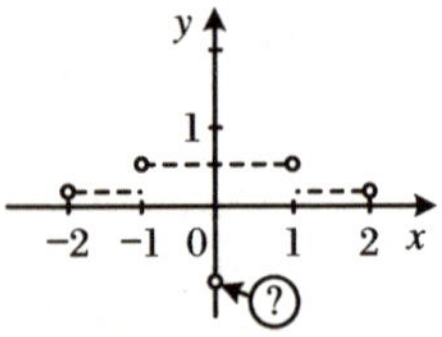

图 1.7

1.4

函数

$$y = x^4 - 2x^3 - x^2 + 2x \tag{1.4}$$

的图像我们也将首先用描点法作出.

取自变量值为 0,1 和 2,我们得到函数值为 0.现在取 $x = -1$,我们得到了结果 $y = 0$,图像上相应的点(0,0),(1,0),(2,0),(−1,0)位于 x 轴上(图 1.8).

如果我们将自己局限于这 4 个自变量的值,那么 x 轴将是连接这 4 个点的“光滑曲线”,显然,x 轴并不是这

$y=x^4-2x^3-x^2+2x$

x	y
0	0
1	0
2	0
−1	0

(这 4 个 y 值旁标有“?”)

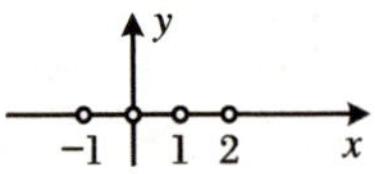

图 1.8

函数的图像，因为多项式

$$x^4-2x^3-x^2+2x$$

不可能对所有的 x 值都等于 0.

让我们另外再取两个自变量值 $x=-2$ 和 $x=3$，相应的点$(-2,24)$和$(3,24)$不在 x 轴上，相反，它们离得很远(图 1.9).

从现有图像的形状来看，它的整体形状我们仍然是不清楚的. 当然，像我们之前所做的那样，有可能找到足够数量的中间点并作出图像的近似图像，但这个方法不是很可靠.

我们将尝试别的办法.

我们需要弄清楚函数在何处为正(即图像位于 x 轴的上方)及何处为负(即图像在 x 轴的下方).

为此，将对这个函数的多项式因式分解：

$$\begin{aligned}x^4-2x^3-x^2+2x&=x^3(x-2)-x(x-2)\\&=(x^3-x)(x-2)\\&=x(x^2-1)(x-2)\\&=(x+1)x(x-1)(x-2).\end{aligned}$$

显然，此函数只在 4 个点处等于零，我们已经画在草图上了. 在点 $x=-1$ 的左边，所有四个因子都是负的，函数为正. 在点 $x=-1$ 与 $x=0$ 之间(即区间 $-1<x<0$)，因子 $x+1$ 变为正的，而其余的因子是负的：函数为负. 在区间 $0<x<1$，我们有两个正的和两个负的因子：函数为正. 在下一个区间函数又是负的. 最后，当自变量通过 $x=2$ 之后，最后一个因子变成正：函数变为正的.

现在，这函数图像长得大致就像图 1.10 中的那个样子了.

x	y
−2	24
3	24

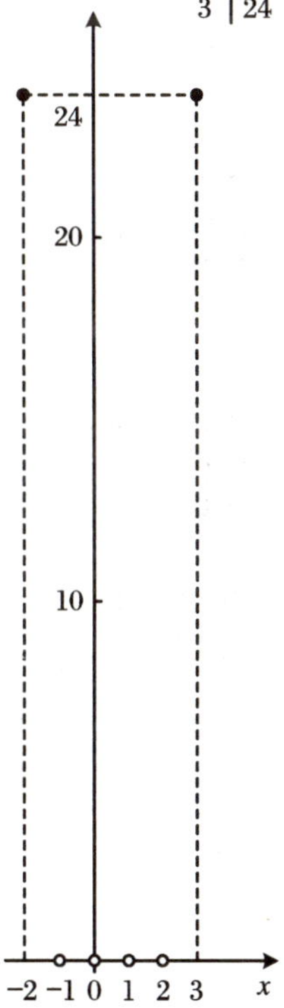

图 1.9

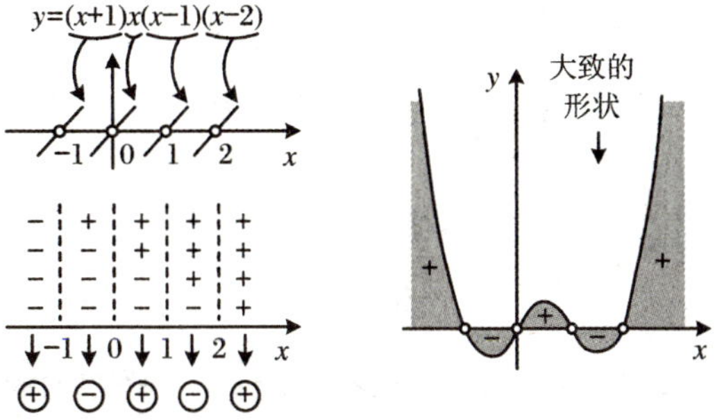

图 1.10

1.5

现在回到函数

$$y=\frac{1}{3x^2-1}$$

图像的作图,我们已经在前文中讨论过这个函数.

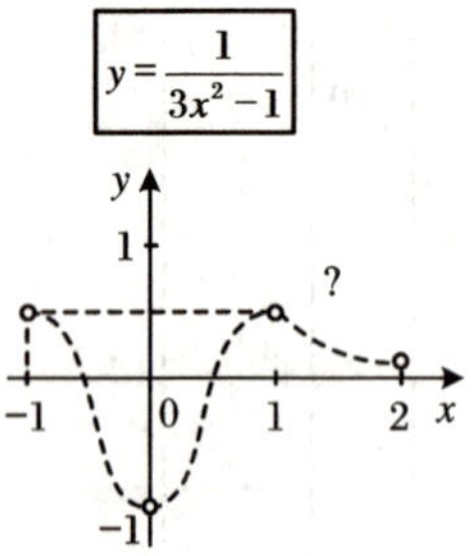

图 1.11

让我们在图中标记出相应于数值 $x=-1,0,1,2$ 的图像上的 4 个点,然后用曲线将它们连起来.结果得到了如图 1.11 所示的图像.

现在取 $x=\frac{1}{2}$,则 $y=-4$,点 $\left(\frac{1}{2},-4\right)$ 比我们已画出的虚线低很多,这意味着在 $x=0$ 和 $x=1$ 之间图像的变动是非常不同的!

在图 1.12 中展现了一个更准确的作图过程.如果我们另外取两个值 $x=1\frac{1}{2}$ 和 $x=2\frac{1}{2}$,则相应的点很好地落在我们的曲线上.

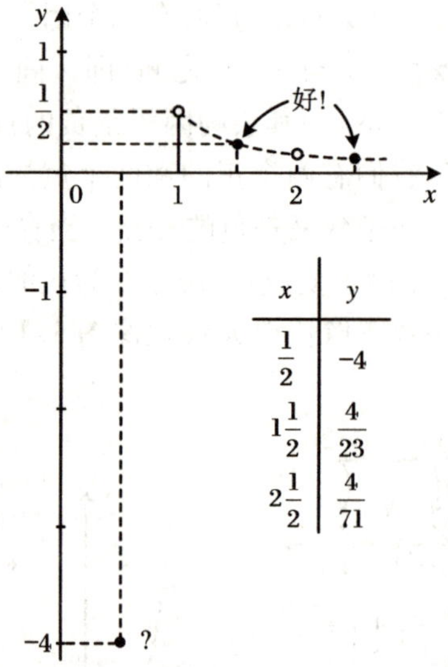

x	y
$\frac{1}{2}$	-4
$1\frac{1}{2}$	$\frac{4}{23}$
$2\frac{1}{2}$	$\frac{4}{71}$

图 1.12

然而,在 $x=0$ 和 $x=1$ 之间图形是怎样变动的呢?

让我们取 $x=\frac{1}{4}$ 以及 $x=\frac{3}{4}$,分别得到

$$y=-\frac{16}{13}\approx-1\frac{1}{4}$$

以及

$$y=\frac{16}{11}\approx1\frac{1}{2}.$$

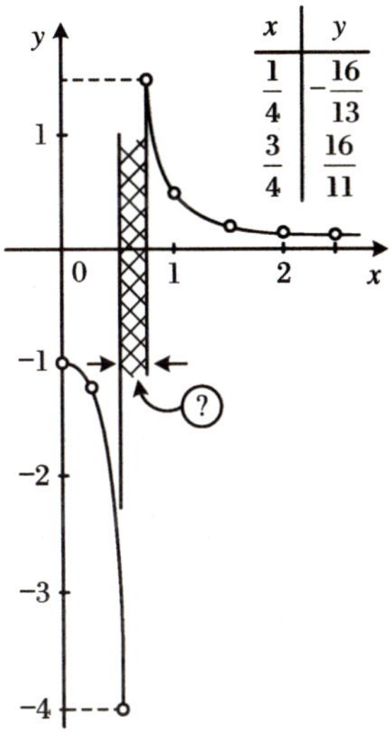

图 1.13

图像在点 $x=0$ 和 $x=\frac{1}{2}$ 之间的行为变得稍微清楚一些了(图 1.13),但是,像之前一样,函数在 $x=\frac{1}{2}$ 和 $x=\frac{3}{4}$ 之间的形态仍不清楚.

如果在 $x=\frac{1}{2}$ 和 $x=\frac{3}{4}$ 之间再取更多的中间值,我们会看到图像上相应的点并不在同一条曲线上,而是在两条光滑曲线上,并且函数图形大致如图 1.14 所示的模样.

读者现在应该能够充分理解,函数的逐点作图是有风险并且费时间的了.如果我们的点取少了,那么有可能会得到一个完全错误的函数图像;另一方面,如果取过多的点,那么将要做许多冗余的工作,并且,是否有某些特别的现象被我们忽视了呢?这仍然是难以判断的.我们应当如何做下去呢?

我们回忆一下,在区间 $2<x<3$ 和 $1<x<2$ 上作出 $y=\frac{1}{x^2+1}$ 的图像时,不需要额外的点,而在区间 $0<x<1$ 上,需要有 5 个以上的点.与之类似,在作 $y=\frac{1}{3x^2-1}$ 的图像时,大部分的工作是在区间 $0<x<1$ 之内,在这里,曲线分裂成两支.

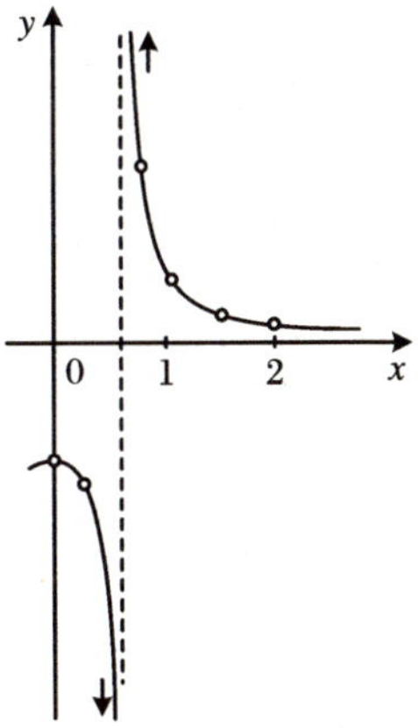
图 1.14

是否有可能事先把这种“危险”区域分辨出来?

1.6

让我们第三次回到函数

$$y=\frac{1}{3x^2-1}$$

的图像.

看函数的定义式，会立刻注意到当 x 取两个值时，分母会等于零. 这两个值是$\sqrt{\frac{1}{3}}$和 $-\sqrt{\frac{1}{3}}$，大约是 0.58 与 -0.58. 它们中的一个在区间$\frac{1}{2}<x<\frac{3}{4}$内，在此处函数恰好显现出不寻常的行为，在这里图像不是顺滑地变化的. 现在我们清楚为何会这样的了.

事实上，对数值 $x=\pm\sqrt{\frac{1}{3}}$，函数是没有定义的(不可能被零除)，因此，在图像上不可能有以它们为横坐标的点——图像不与直线 $x=\sqrt{\frac{1}{3}}$ 以及 $x=-\sqrt{\frac{1}{3}}$ 相交. 从而，图像被分解成互不相交的三个分支. 如果 x 趋近于其中的一个"禁止"值，比如说，$x=\sqrt{\frac{1}{3}}$，则分式 $y=\frac{1}{3x^2-1}$ 的绝对值无限增加：图像的两个分支趋近于竖直的直线 $x=\sqrt{\frac{1}{3}}$.

在点 $x=-\sqrt{\frac{1}{3}}$附近，我们的函数(偶函数)的行为是类似的.

在图 1.15 中显示了函数 $y=\frac{1}{3x^2-1}$的图像的一般形状.

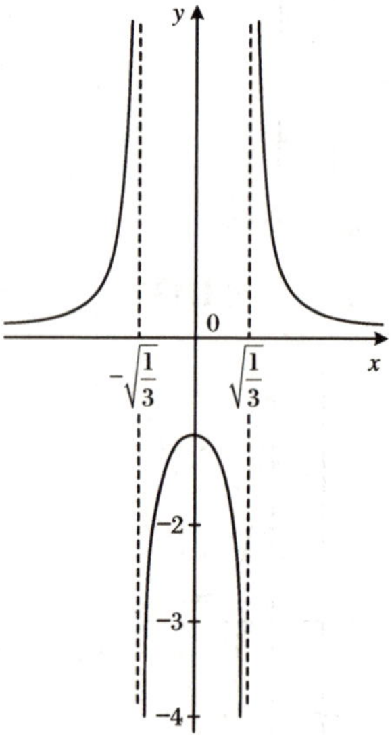

图 1.15

现在我们理解了，**只要函数是由分式定义的，就必须将注意力集中于会使分母为零的那些自变量的值上**.

1.7

那么，从上面所展示的例子中，我们能学到什么呢? 在研究一个函数的行为以及作出它的图像时，并非所有的自变量的取值都是同等重要的. 在函数

$$y=\frac{1}{3x^2-1}$$

的情形中，我们看到了让函数没有定义的那些"特殊点"的重要性. 当我们求出函数

$$y=x^4-2x^3-x^2+2x$$

的图像与 x 轴的交点，也就是说，这个多项式的根的时候，这个函数的图像的特征就变得清晰了.

大多数情形下，在函数作图中，主要的工作是找出对所给函数具有重要意义的那些自变量的值，并研究函数在这些值附近的行为. 在进行这样的分析之后，为了将图像完成，通常我们只需要在这些特征点之间再找一些中间值就够了.

练　习

1. 作出函数

$$y=\frac{1}{3x-1}$$

的图像.

图像与坐标轴的交点是什么？

想像我们把原点放在练习册某一页的正中心位置，然后取 1 cm 作为测量单位（为明确起见，我们将认为练习册的每一页是 16 cm×20 cm 的矩形）. 找出这个图像脱离页面的那些点的坐标.

2. 作出以下函数的图像[1]：

(1) $y=x^3-x^2-2x+2$；

(2) $y=x^3-2x^2+x$. ⊕

（注意在情形(2)下多项式的因式分解中有两个相同的因子）

1.8

在作出一些函数的图像之后，我们可以用各种不同的方法作出一些“相关的”[2] 函数的图像.

---

① 带有符号⊕标记的题目，在本书的末尾有相关的解答.

② 我们已在前文遇到过这种方法，在作 $y=\frac{1}{x^2+1}$ 的图像时，对 x 正值作出函数图像后，我们立刻就能够对负的 x 作出图像.

这些方法中，最简单的是**沿着 y 轴拉伸**.

我们已经作出函数

$$y=\frac{1}{x^2+1}$$

的图像(图 1.16).

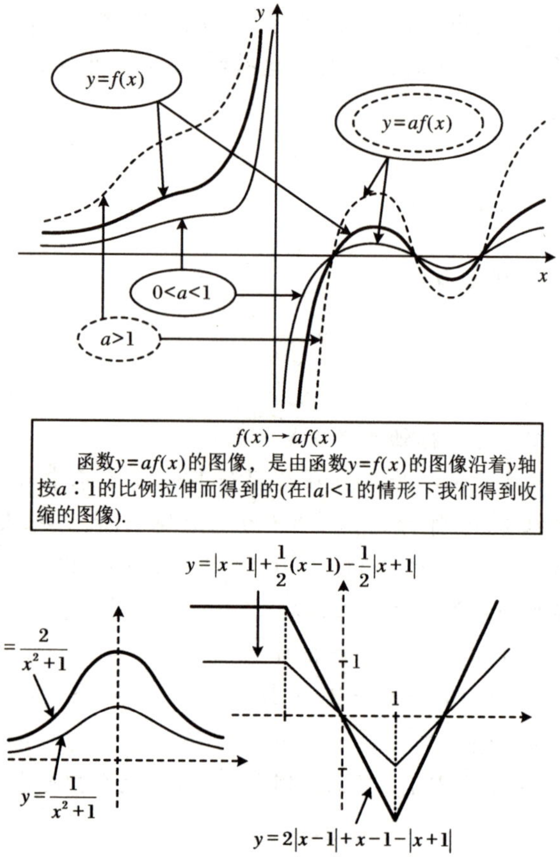

图 1.16

现在让我们作出函数

$$y=\frac{3}{x^2+1}$$

的图像.

让我们在第一个图像上任取一点，比如说 $x=\frac{1}{2}$，$y=\frac{4}{5}$，也就是点 $M_1\left(\frac{1}{2},\frac{4}{5}\right)$. 显然，通过保持 x 不变 $\left(\text{即 } x=\frac{1}{2}\right)$，并且让 y 按 3∶1 的比例增大，我们可得到

点 $M_2\left(\frac{1}{2},\frac{12}{5}\right)$，可以在图 1.17 上直接得到它. 为此，需要对点 $M_1\left(\frac{1}{2},\frac{4}{5}\right)$的纵坐标按 3∶1 的比例增大.

如果我们对图像 $y=\frac{1}{x^2+1}$的每一点实施这种变换，那么点 $M(a,b)$就变成 $y=\frac{3}{x^2+1}$的图像上的一点 $M'(a,3b)$，从而整个图像沿着 y 轴按 3∶1 的比例拉伸，变成了函数 $y=\frac{3}{x^2+1}$的图像(图 1.18).

这样，$y=\frac{3}{x^2+1}$的图像就是 $y=\frac{1}{x^2+1}$的图像沿着 y 轴按 3∶1 拉伸的.

$y=\frac{1}{x^2+1}$

x	y
0	1
$\frac{1}{2}$	$\frac{4}{5}$
2	$\frac{1}{5}$

$y=\frac{3}{x^2+1}$

x	y
0	3
$\frac{1}{2}$	$\frac{12}{5}$
2	$\frac{3}{5}$

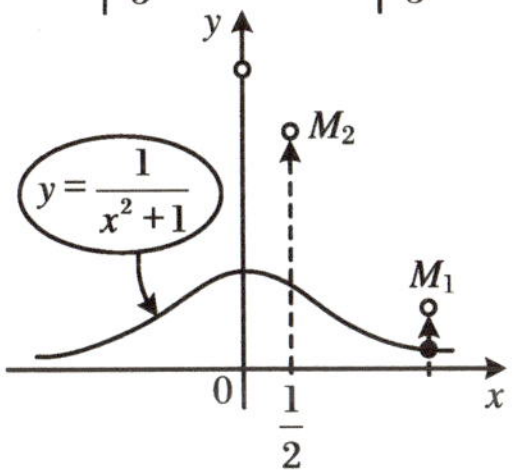

图 1.17

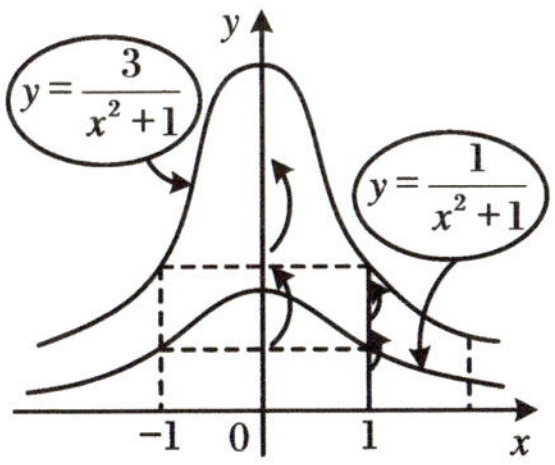

图 1.18

1.9

从 $y=\frac{1}{x^2+1}$的图像得到 $y=-\frac{1}{x^2+1}$的图像，是更加容易的. 为了从前文针对函数 $y=\frac{1}{x^2+1}$列出的表 1.1 得到关于函数 $y=-\frac{1}{x^2+1}$的表格，只需在表 1.1 第二列中改变每个数值的符号即可.

于是通过函数 $y=\frac{1}{x^2+1}$的图像上的每一点，比如，横坐标为 2，纵坐标为$\frac{1}{5}$的点 M，生成了图像 $y=-\frac{1}{x^2+1}$上具有相同的横坐标 2，但其纵坐标有相反的符号即$-\frac{1}{5}$的一个点 M'. 一般而言，对 $y=\frac{1}{x^2+1}$的图像上的点 $N(a,b)$，都有 $y=-\frac{1}{x^2+1}$的图像上的一点$N'(a,-b)$与之对应.

$f(x)\to -f(x)$

$y=-f(x)$的图像，可以由函数$y=f(x)$的图像关于x轴镜像反射而得到(图1.19).

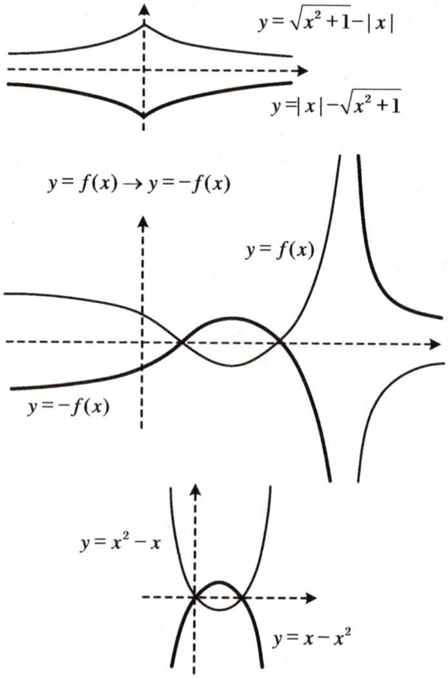

图 1.19

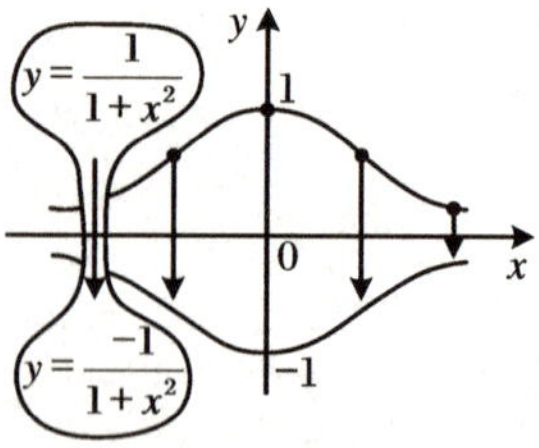

图 1.20

因此，函数 $y=-\dfrac{1}{x^2+1}$ 的图像可以由函数 $y=\dfrac{1}{x^2+1}$的图像得到，通过找出它关于 x 轴的镜像即可(图 1.20).

练 习

1. 基于 $y=x^4-2x^3-x^2+2x$ 的图像(图 1.10)，作出 $y=3x^4-6x^3-3x^2+6x$ 和 $y=-x^4+2x^3+x^2-2x$ 的图像.

2. 基于 $y=\dfrac{1}{x^2+1}$ 的图像，作出函数 $y=\dfrac{1}{2x^2+2}$ 的图像.

3. 作出下列函数的图像[①]：

(1) $y=\frac{1}{2}[x]$；

(2) $y=x-[x]$与 $y=-2(x-[x])$；

(3) $y=[2x]$.

① 符号$[x]$的含义是 x 的整数部分.

第2章 线性函数

2.1

现在让我们开始系统地研究不同函数的性态，并作出它们的图像.接下来，我们将利用最简单的例子，研究函数的特征行为以及它们图像的奇异特性.当我们要作出更复杂的图像时，我们将试着在它们中发现熟悉的元素.

最简单的函数是 $y=x$.这个函数的图像是一条直线，即第一和第三象限的角平分线(图 2.1).

图 2.1

一般地，如你所知的那样，线性函数

$$y=kx+b$$

的图像也是某一条直线.反之，任何一条不与 y 轴平行的直线都是某个线性函数的图像.一条直线的位置完全由它上面的两个点确定.相应地，通过对自变量的两个值给定函数值，就完全确定了一个线性函数.

练　习

1. 求出线性函数

$$y=kx+b.$$

它在 $x=-10$ 取值 $y=41$，在 $x=6$ 取值 $y=9$.

2. 一直线通过点 $A(0,0)$ 和点 $B(a,c)$，求以这条直线为图像的线性函数.

3. 画一条直线，它与 y 轴成 $60°$ 角并通过原点，什么函数以这条直线为图像？

4. (1) 在由某个线性函数的函数值构成的表 2.1 中，5 个数值中有 2 个写得不正确，请找出它们并修正.

(2) 对于表 2.2，按照(1)处理同样的问题.

5. 求函数

$$y = kx + b.$$

假设它的图像平行于函数 $y = x$ 的图像，并且通过点 $(3, -5)$.

6. 求线性函数，它的图像与 x 轴成 $60°$ 角，并且过点 $(3, -5)$.

7. 一条直线的斜率[①] 等于 k，这条直线通过点 $(3, -5)$，求出线性函数，它的图像为此直线.

表 2.1

x	y
⋮	⋮
−2	−2
−1	3
0	1
1	2
2	−3

表 2.2

x	y
−15	−33
−10	−13
0	7
10	17
15	27

2.2

线性函数的一个特性是，如果 x 一致地增加，即对所有的 x 都增加同一个数，那么 y 也一致地变化. 让我们取函数 $y = 3x - 2$. 假设 x 取数值

$$1, 3, 5, 7, \cdots,$$

它们中每一个都比前面的一个数大 2. 对应的 y 值将为

$$1, 7, 13, 19, \cdots.$$

读者可以看出每一个 y 值比前一个值要大，并且都是相同的数 6.

一个数列，如果它从某个数开始，不断地加上同一个数就构成一个**等差数列**，那么，我们提及的上述特性可以用以下方式表达：线性函数将一个等差数列转换为另一个等差数列(图 2.2). 在我们的例子中，函数 $y = 3x - 2$ 把等差数列 1, 3, 5, 7, ⋯转换成等差数列 1, 7, 13, 19, ⋯，并且图 2.2 演示了函数 $y = 2x - 1$ 是如何将等差数列 0, 1, 2, 3, ⋯变成等差数列 −1, 1, 3, 5, 7, ⋯的.

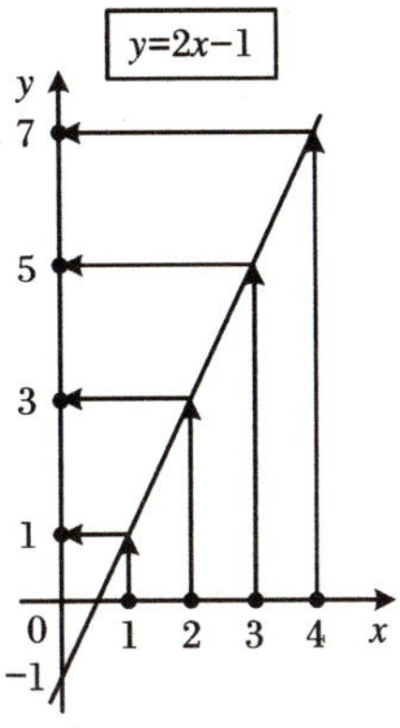

图 2.2

① 系数 a 称为直线 $y = ax + b$ 的斜率.

练 习

1. 求出线性函数,它把等差数列 $-3,-1,1,3,\cdots$ 转换成等差数列 $-2,-12,-22,\cdots$.

什么样的线性函数可把第二个等差数列变换成第一个等差数列?

2. 假设给定了两个等差数列

$$a, a+h, a+2h, \cdots$$

和

$$c, c+l, c+2l, \cdots,$$

是否总能找到某个线性函数 $y=kx+b$,它能把第一个数列变成第二个数列?

3. (1) 直线

$$y=\frac{7}{15}x+\frac{1}{3}$$

通过两个整数坐标的点:$A(10,5)$ 和 $B(-20,-9)$. 在此直线上是否还有另外的"整点"(具有整数坐标的点)?

(2) 已知直线 $y=kx+b$ 通过两个整点. 这直线上是否还有其他的整点?

(3) 容易构造直线,它不过任何整点,如 $y=x+\frac{1}{2}$.

是否有可能存在某一条直线 $y=kx+b$,它只通过一个整点?①

---

① 如果你求不出答案,可参看第 084 页的问题 4.

第 3 章
函数 $y = |x|$

3.1

现在让我们考虑函数

$$y = |x|,$$

其中的 $|x|$ 表示数 x 的绝对值[①]或者模.

利用绝对值的定义,让我们作出它的图像.对正的 x 有 $|x| = x$;即,这个图像与 $y = x$ 的图像重合,它是一条以 45°角离开原点的射线(图 3.1).对于 $x<0$,我们有 $|x| = -x$,这意味着对负的 x,$y = |x|$ 的图像与第二象限的角平分线重合(图 3.2).

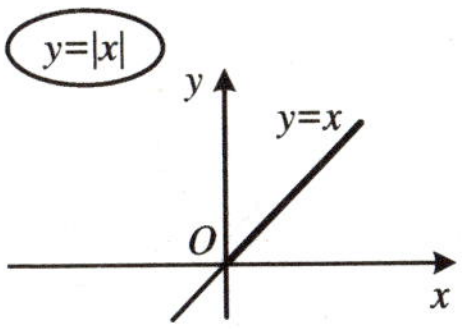

图 3.1

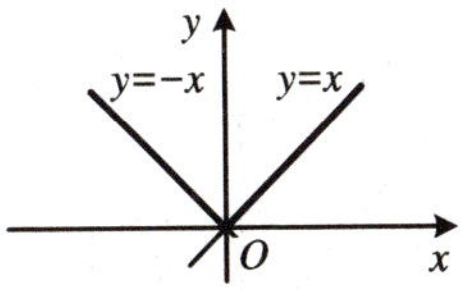

图 3.2

但是,这图像的第二部分(x 为负值)可以容易地从第一部分得到,如果注意到函数 $y = |x|$ 为偶函数,那么 $|-a| = |a|$(见前文对偶函数的定义).

这意味着此函数的图像是关于 y 轴对称的,把 $x>0$ 所描绘出的那部分关于 y 轴作反射,它的图像的另一半即可得到.这就得到了图 3.3 所示的图像.

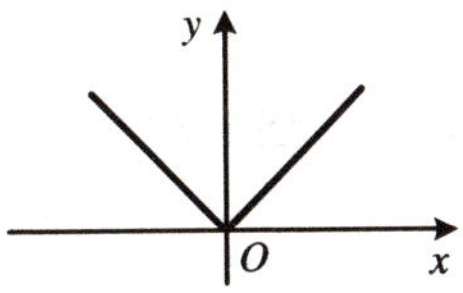

图 3.3

① 让我们回忆:一个正数的绝对值等于这个数本身(如果 $x>0$ 则 $|x| = x$);负数的绝对值等于这个数带上负号(如果 $x<0$,则 $|x| = -x$);零的绝对值是零($|0| = 0$).

3.2

现在让我们作出

$$y=|x|+1$$

的图像.

虽然我们能不费劲地画出其图像，然而，现在却需要通过函数 $y=|x|$ 的图像来得到它. 让我们作出函数 $y=|x|$ 的数值表，并将它与 $y=|x|+1$ 同样的表格作对比（表 3.1(a)、(b)）. 将两个表格并排写出来，显然将第一个图像 $y=|x|$ 上的每一个点的 y 增加 1，即可得到第二个图像 $y=|x|+1$ 上的一点（例如，图像 $y=|x|$ 的点 $(-2,2)$ 变成图像 $y=|x|+1$ 的点 $(-2,3)$），这个点处在比第一个点高出一个单位的位置上，见图 3.4）. 于是，为了得到第二个图像上的点，需要把第一个图像的每一个点向上移动 1；也就是说，整个第二个图像可以由第一个图像上移 1 个单位而得到（图 3.4）.

表 3.1

(a) $y=\|x\|$: x	y	(b) $y=\|x\|+1$: x	y
−2	2	−2	3
−1	1	−1	2
0	0	0	1
1	1	1	2
2	2	2	3
⋮	⋮		

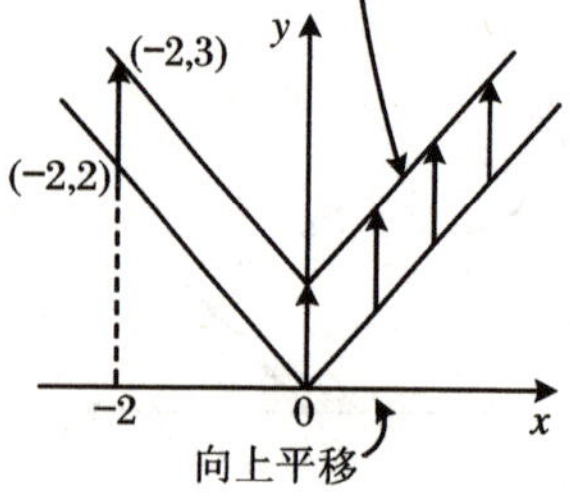

图 3.4

问题　作出函数

$$y=|x|-1$$

的图像.

解答　让我们把这个图像与 $y=|x|$ 的图像进行对比. 如果点 $x=a$，$y=|a|$ 在第一个图像上，那么点 $x=a$，$y=|a|-1$ 将在第二个图像上. 于是第二个图像上的每一点 $(a,|a|-1)$ 可以由第一个图像上的点 $(a,|a|)$ 向下移动 1 单位而得到，从而整个图像可以由 $y=|x|$ 的图像向下移动 1 单位而得到（图 3.5）.

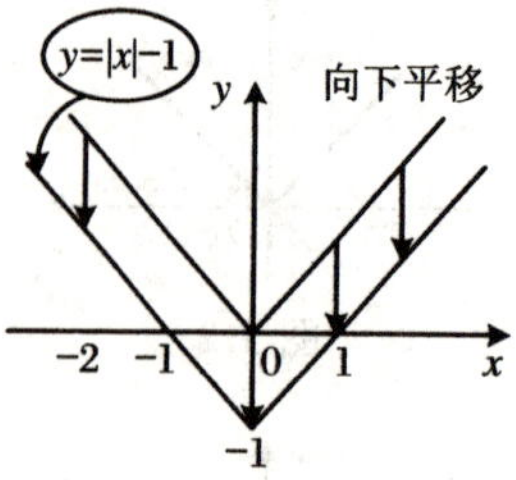

图 3.5

在很多函数作图中，这种沿 y 轴的平移是很有用的（参看本章后文）.

假设我们要作出函数

$$y=\frac{x^2+2}{x^2+1}$$

的图像. 让我们把这个函数表示成

$$y=\frac{x^2+1+1}{x^2+1}$$

的形式，或者

$$y=1+\frac{1}{x^2+1}.$$

现在，它的图像显然可以由函数 $y=\frac{1}{x^2+1}$ 的图像(图 1.5)沿着 y 轴向上平移 1 个单位而得到.

3.3

现在考虑函数

$$y=|x+1|.$$

这个函数的图像也将从 $y=|x|$ 的图像得到. 让我们再次并排地写出两个表格，一个对于 $y=|x|$，而另一个对于 $y=|x+1|$(表 3.2(a),(b)). 如果我们对相同的 x 比较函数值，则结果是对某些 x，第一个图像的纵坐标要比第二个图像的纵坐标大；而对其他的一些 x，情况正好相反.

然而，如果我们仔细地看这两个表格的右列，这两个表之间的关系就能够如下地建立起来：第二个函数与第一个函数取同样的值，第二个函数的纵坐标比第一个小 1 单位(为什么?). 因此第一个图像 $y=|x|$ 上的每一点，向左移动一个单位后，就产生了第二个图像 $y=|x+1|$ 上的一个点，例如，移动点$(-1,1)$得到了坐标为$(-2,1)$的点(图 3.6). 因此，可将 $y=|x|$ 的图像沿着 x 轴向左平移 1 单位($y=|x+1|$ 的整个图像是可以通过这种方式得到的).

问题 作出函数

$$y=|x-1|$$

的图像.

解答 让我们把它与 $y=|x|$ 的图像进行对比. 如果 A 为 $y=|x|$ 的图像上的一点，其坐标为$(a,|a|)$，则

表 3.2

(a) $y=\|x\|$		(b) $y=\|x+1\|$	
x	y	x	y
−2	2	−2	1
−1	1	−1	0
0	0	0	1
1	1	1	2
2	2	2	3

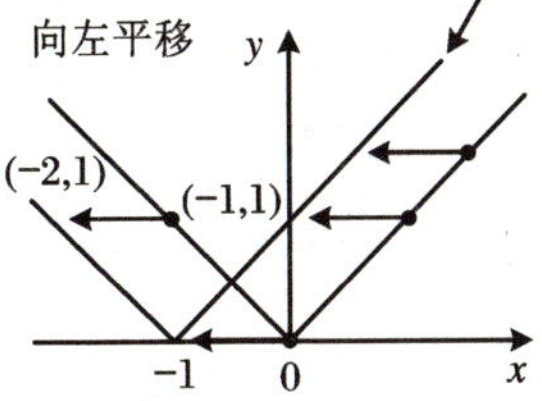

图 3.6

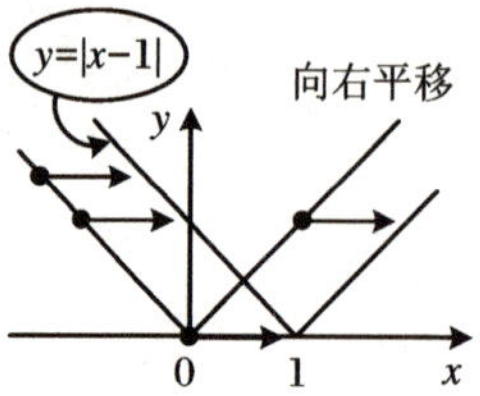

图 3.7

$A'(a+1,|a|)$将是第二个图像上具有相同纵坐标 y 的点(为何?).第二个图像上的点可以由第一个图像上的点 $A(a,|a|)$沿 x 轴向右平移而得到.因此,$y=|x-1|$的整个图像是将 $y=|x|$的图像沿 x 轴向右平移 1 单位而得到的(图 3.7).我们可以说函数 $y=|x-1|$与函数 $y=|x|$取相同的值,但有一定的延迟(迟延 1 单位).

在很多的函数作图中,这种沿着 x 轴的移动是有用的.

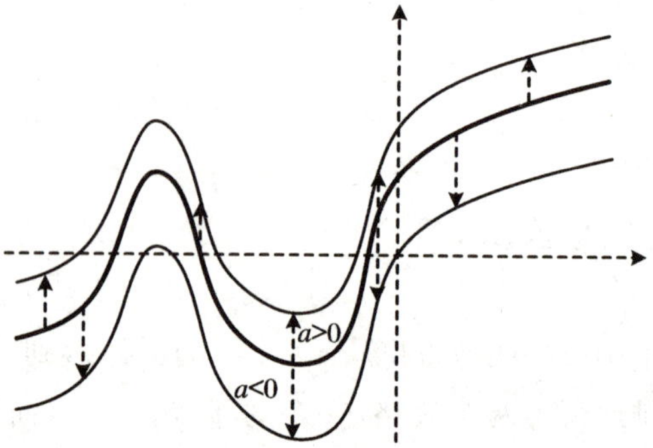

$f(x)\to f(x)+a$

函数$y=f(x)+a$的图像可以由函数$y=f(x)$的图像沿着y轴平移a单位而得到.平移的方向由数a的符号决定(如果$a>0$,则图像向上移动;如果$a<0$,则图像向下移动)(图3.8).

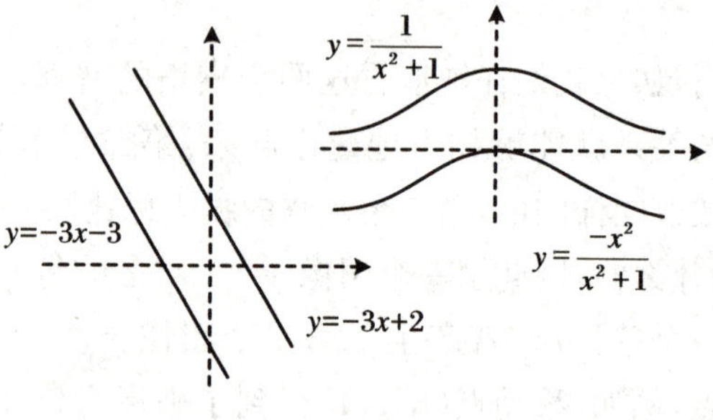

图 3.8

练 习

1. 作出函数

$$y=\frac{1}{x^2-2x+2}$$

的图像.

提示：将分式 $y=\frac{1}{x^2-2x+2}$ 中的分母表示成 $(x-1)^2+1$.

2. 试陈述法则，根据它们可以由函数 $y=f(x)$ 的图像得到函数

$$y=f(x+5)$$

及函数

$$y=f(x-3)$$

的图像.

3. 作出函数

$$y=|x|+3$$

和

$$y=|x+3|$$

的图像.

4. 找出在 $x=3$，取值 $y=-5$ 的全部线性函数.

解答 这个条件可以从几何角度描述如下：找出通过点 $(3,-5)$ 的所有直线. 任何一条过原点（不是垂直）的直线都是某个函数 $y=kx$ 的图像. 让我们平移这条直线，使得它通过所需要的点 $(3,-5)$，即向右平移 3 个单位，向下平移 5 个单位（图 3.9）. 在第一个平移后我们得到方程

$$y=k(x-3);$$

在第二个平移后

$$y=k(x-3)-5.$$

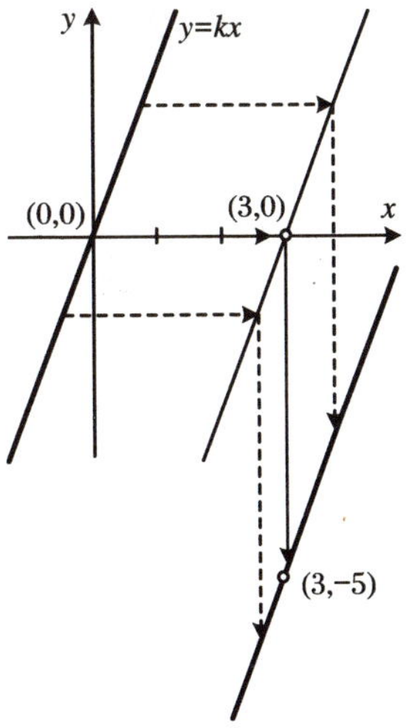

图 3.9

解答 在 $x=3$ 处取 $y=-5$ 的全体线性函数，都可由公式

$$y=k(x-3)-5$$

表示，这里 k 为任意实数（可将此问题与 2.1 节中的问题 7 比较）.

3.4

问题 作出

$$y=|x+1|+|x-1|$$

的图像.

解答 让我们首先在一个图表中作出每一项的图像:

$$y=|x+1|$$

与

$$y=|x-1|.$$

所要图像的纵坐标由这两个图像在相同点处的纵坐标相加而得.这样,比如,取 $x=3$,那么第一个图像的纵坐标 y_1 等于4,第二个图像的纵坐标 y_2 等于2,从而 $y=|x+1|+|x-1|$ 图像的纵坐标为6.

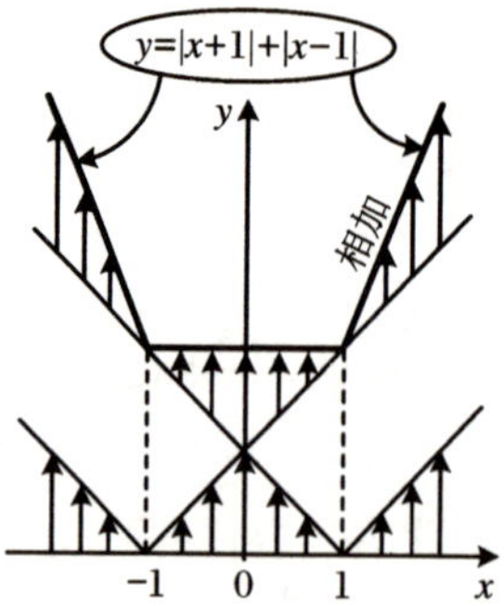

图 3.10

通过在每一点(即对每个 x)把两个图像的纵坐标相加,我们就可以得到所要的图像.这样得到的图形如图3.10所示.

我们看到 $y=|x+1|+|x-1|$ 的图像是一条折线,它由三部分直线段组成.因此,在每一个区间上,函数是线性变化的.

练 习

1. 写出折线

$$y=|x+1|+|x-1|$$

每一段的方程.

(**答案** 对 $x\leqslant-1, y=\cdots x+\cdots$;对 $-1\leqslant x\leqslant1, y=\cdots$;对 $x\geqslant1, y=\cdots$)

2. 函数 $y=|x|+|x+1|+|x+2|$ 的图像是折线,它在何处曲折?求出它每一部分的方程.

3. (1) 由图3.11所表示的函数可用下面的条件来定义:

$$\text{对 } x<0,\quad y=0$$
$$\text{对 } x\geqslant0,\quad y=2x$$

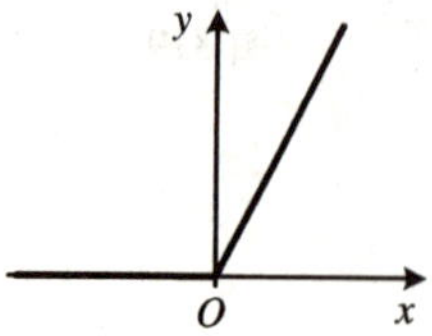

图 3.11

试着用一个公式给出此函数.

(2) 写出函数的定义式,它们的图像分别如图3.12和图3.13所示.⊕

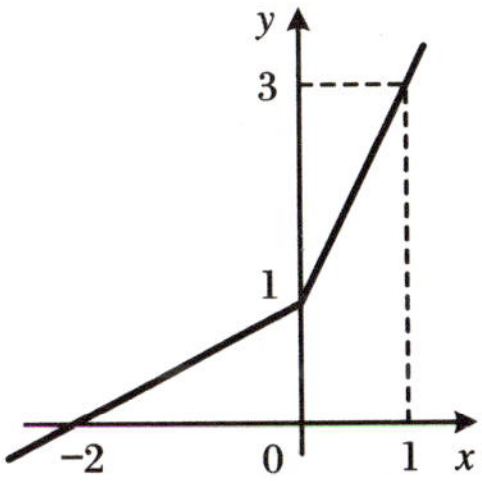

图 3.12

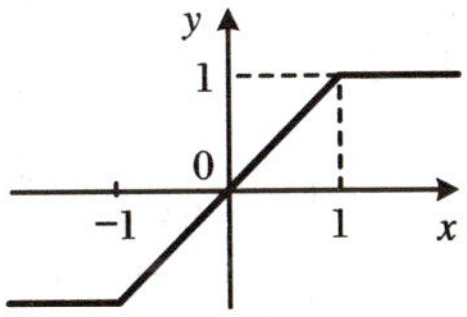

图 3.13

4. 作出函数

$$y=|3x-2|$$

的图形.

提示 将 $y=|x|$ 的图像,通过以下两个变换得出图像:沿着 x 轴平移以及沿着 y 轴拉伸. 为确定出平移的准确值,需要把 x 的系数提到绝对值符号的前面:

$$|3x-2|=3\left|x-\frac{2}{3}\right|.$$

3.5

问题 作出函数

$$y=|2x-1|$$

的图像.

解答 我们将由直线 $y=2x-1$(图 3.14)得到这个图像. 只要直线在 x 轴的上方,y 为正,也就是说,$2x-1>0$. 从而,在此区间内 $|2x-1|=2x-1$,并且所求的图像与 $y=2x-1$ 的图像重合. 当 $2x-1<0$ 时(即直线 $y=2x-1$ 在 x 轴下方),$|2x-1|=-(2x-1)$. 这样,为了从 $y=2x-1$ 的这一段得到 $y=|2x-1|$ 的图像,需要将直线 $y=2x-1$ 上每一点的纵坐标改变符号,即,将这直线关于 x 轴作反射. 这样我们就得到了图 3.15.

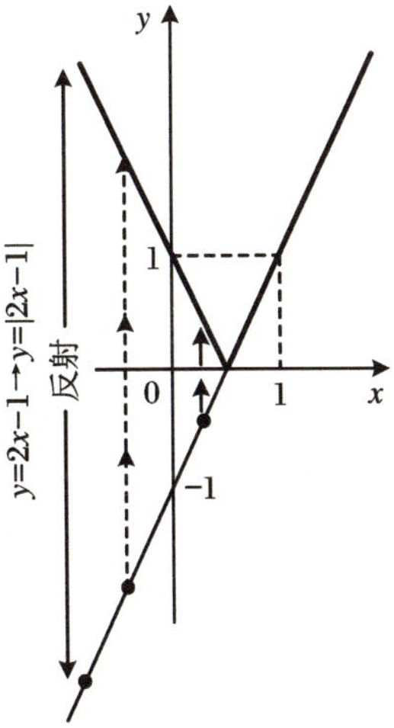

图 3.14

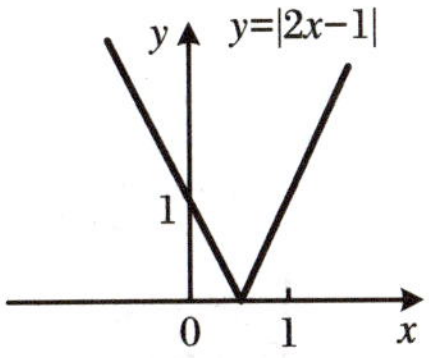

图 3.15

练　习

从已知的

$$y=x^4-2x^3-x^2+2x$$

的图像(图 1.10),作出

$$y=|x^4-2x^3-x^2+2x|$$

的图像.

> $f(x)\to f(x+a)$
>
> 函数$y=f(x+a)$的图像，由函数$y=f(x)$的图像沿着x轴平移$-a$个单位得到.负号意味着，如果$a>0$，则图像向左移动，如果$a<0$，则图像向右移动(图3.16).

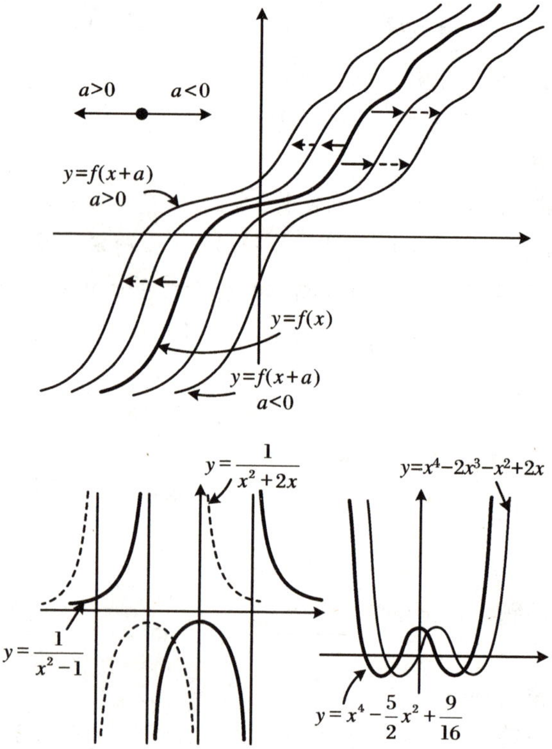

图 3.16

3.6

问题 基于已知的

$$y=\frac{1}{x^2-2x+2} \tag{1}$$

的图像(图 3.17)作出

$$y=\frac{1}{x^2-2|x|+2} \tag{2}$$

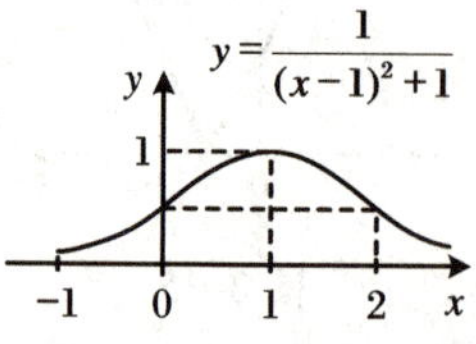

图 3.17

的图像.

解答 因为对于自变量为正值时，$|x|=x$，有

$$y=\frac{1}{x^2-2|x|+2}=\frac{1}{x^2-2x+2}$$

因此，在零的右侧，方程(2)的图像与方程(1)的图像重合(图3.18). 为得到所要的方程(2)的左半部分图像，我们注意到函数 $y=\frac{1}{x^2-2|x|+2}$ 是偶函数. 这意味着方程(2)的左半部分图像可以由它的右半部分图像对 y 轴反射而得到(图3.19). 对一般的情形这也是对的：为从 $y=f(x)$ 的图像得到 $y=f(|x|)$ 的图像，需要将第一个图像位于 y 轴的右半部分关于 y 轴作反射.

对 $x>0$, $|x|=x$

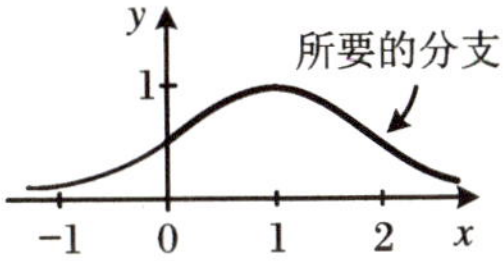

图 3.18

$$\frac{1}{(-x)^2-2|-x|+2}=\frac{1}{x^2-2|x|+2}$$

偶的!

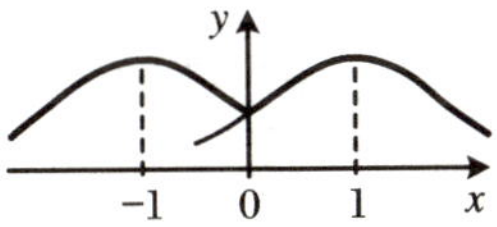

图 3.19

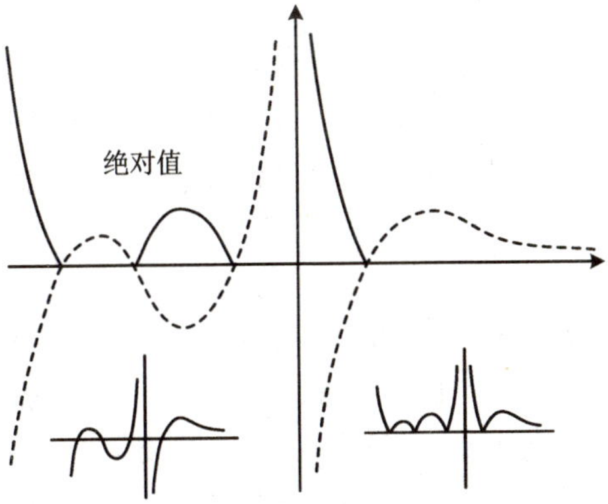

$y=f(x)\to y=|f(x)|$
为从 $y=f(x)$ 的图像得到 $y=|f(x)|$ 的图像，需要让图像中位于 x 轴上方的部分保持不变，而将位于 x 轴下方的部分关于 x 轴作反射(图3.20).

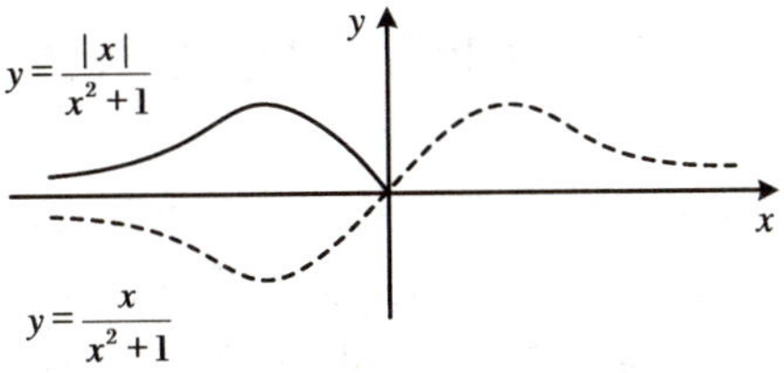

图 3.20

练 习

1. 作出 $y=2|x|+1$ 的图像.
2. 作出下列函数的图像：

(1) $y=4-2x$;

(2) $y=|4-2x|$;

(3) $y=4-2|x|$;

(4) $y=|4-2|x||$.

3. 求出函数

$$y=|x-2|+|x|+|x+2|+|x+4|$$

的最小值.⊕

在结束本节之时,我们建议你解决下面一些问题.初看起来它们与我们在本节中所谈论的内容没有任何关系,但是深入思考后你将会发现并非如此.

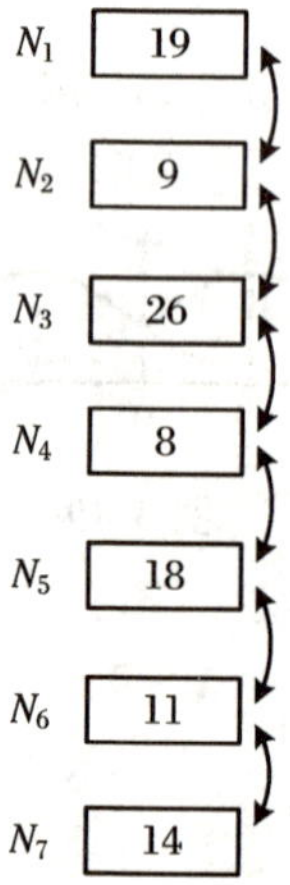

图 3.21

问题①

1. 7 盒火柴排成一行,第一盒装有 19 根火柴,第二盒有 9 根,接下来分别装有 26 根、8 根、18 根、11 根和 14 根火柴(图 3.21).火柴可以从任一个盒子中取出并放到任意相邻的盒子里.这些火柴必须重新分配使得它们在所有盒子中的数量都是相等的.如何移动尽量少的火柴来完成这个任务?

解答 全部盒子中共有 105 根火柴.因此,如果所有盒子里火柴的数目相等,则每个盒子中将会有 15 根火柴.对盒子这样的排列,问题只有一个解法:从第一盒子中移出 4 根火柴放入第二个盒子,则第一个盒子将有 15 火柴,而第二盒子将有 13 根;从第三个盒子中取出 2 根火柴放入第二个盒子,这样第三个盒子中剩下 24 根火柴;把超额数目的火柴从这个盒子移出,放入第 4 个盒子中,如此下去.

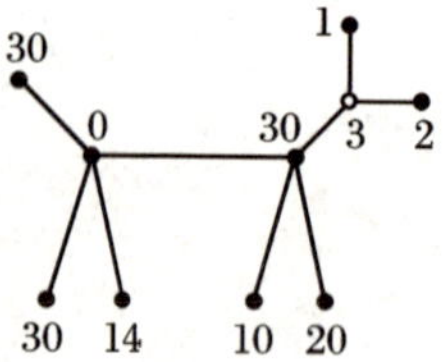

图 3.22

问题 2 和问题 3 要稍微困难些,但与问题 1 的要求是相同的.

2. 像前面一样,7 盒火柴排成一条直线,但是这次盒内火柴的数目与上次不一样.也就是说,这次是第一个盒中有 1 根火柴,第二个盒子中有 2 根,余下的则是 3 根、72 根、32 根、20 根和 10 根.

3. 火柴盒摆成一只"狗"的形状(图 3.22).只允许火柴沿着连接盒子的线(路径)移动.

为有助于下面的问题,可以利用图形.

4. 7 盒火柴摆成一个圆圈.第一个盒中有 19 根火

① 问题 1 到问题 4 以及它们的解法由 M. L. Tsetlin 提供.

柴，第二个有 9 根火柴，余下的分别有 26 根、8 根、18 根、11 根和 14 根火柴(图 3.23). 允许将火柴从任一个盒子移动到与其相邻的盒子中. 要以这样的方式移动火柴，使得所有盒子中的火柴数都相等. 如何尽可能少地移动火柴来完成这任务? ⊕

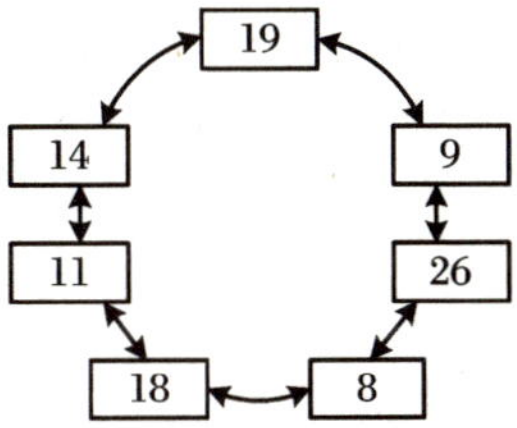

图 3.23

第 4 章 二次三项式

4.1

现在让我们看一下函数

$$y = x^2.$$

当然，你已经作过它的图像，而且你知道这条曲线有一个专有的名称叫**抛物线**. 函数 $y = ax^2$ 的图像是将 $y = x^2$ 的图像拉伸之后得到的，也叫作抛物线. ①

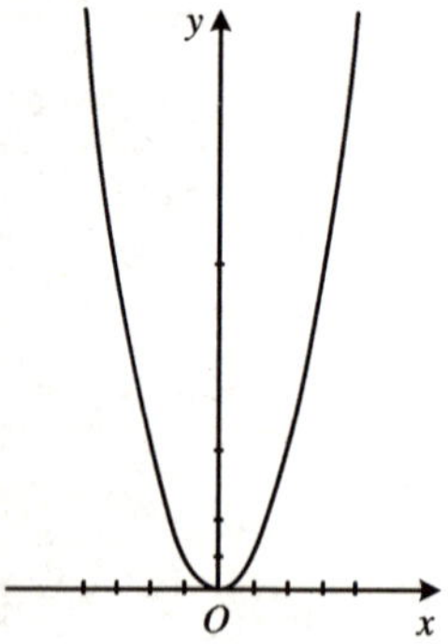

图 4.1

练　习

图 4.1 表示了一条抛物线：

(1) 已知它是函数 $y = x^2$ 的图像，找出图中的刻度（两个坐标轴上的刻度是相同的）；

(2) 要想让这条曲线也可用作函数 $y = 5x^2$ 的图像，坐标轴上应该取什么刻度单位？

4.2

让我们来查看清楚，如果自变量的值等距离地不断改变，函数 $y = x^2$ 的值是如何变化的. 换句话说，自变量

① 有趣的是，所有的抛物线都是彼此相似的.

所取的值构成一个等差数列．为简单起见，让我们考虑正的 x 值，比如，假设 x 的取值为

$$1,2,3,4,\cdots,$$

那么 y 的取值将是

$$1,4,9,16,\cdots,$$

你可以看到，y 的值不再构成等差数列．

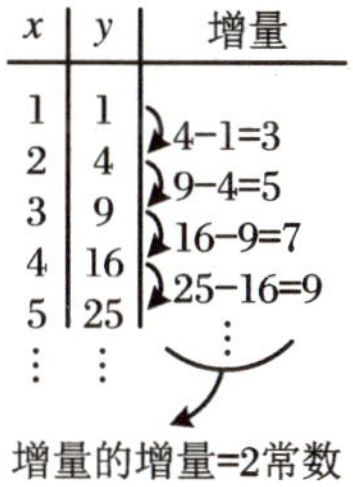

图 4.2

让我们在自变量数值与函数值的表格中（图 4.2）另外再添上一列．在这一列中，我们写下当自变量 x 从其中一个值变到下一个值的时候，y 的值是如何改变的．比如，假设自变量从 $x=2$ 变到 $x=3$．那么函数将从 $y=4$ 变到 $y=9$．这个改变，或者，按数学家所说的，函数的**增量**①，等于新的函数值与原先的函数值的差，也就是说，

$$9-4=5.$$

于是在我们表格的第三列中，我们写下函数 $y=x^2$ 的增量．现在可以清楚地看出，函数 $y=x^2$ 是以这样的方式变化的，如果 x 增加，不仅是函数本身在增加，而且函数的增量也在增加的．在图像中，这个事实是很明显的：曲线 $y=x^2$ 上升得越来越快，而线性函数则是均匀改变的，它的图像总是与轴构成同一个角（图 4.3）．

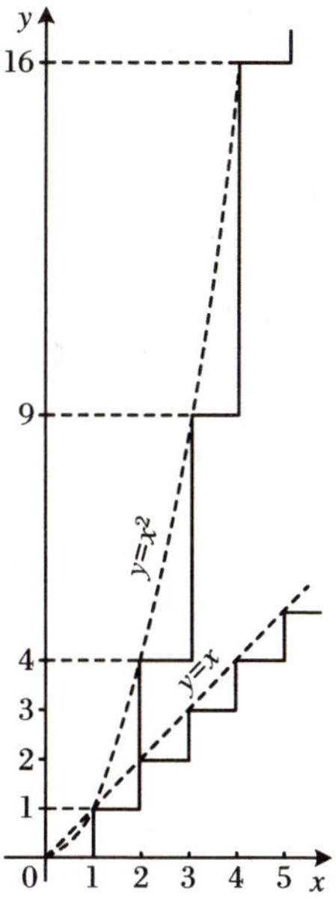

图 4.3

有趣的是，函数 $y=x^2$ 的增量构成了一个等差数列．请读者尝试着一般性地证明这个事实：如果自变量 x 的取值构成一个等差数列：

$$a,a+d,a+2d,\cdots,a+bd,\cdots,$$

那么二次函数 $y=x^2$ 相应的增量的数值也构成一个等差数列．

如果自变量 t 是时间，函数 s 是经过的距离（我们根据物理学通用的记号，将 x 换成 t 而将 y 换成 s），那么关系式 $s=t^2$ 对应着匀加速运动（加速度等于 2），而关系式 $s=kt+b$ 则对应着速度为 k 的匀速直线运动．在匀速直线运动中，物体在相同的时间间隔内走过相等的距离；也

① 函数 $y=f(x)$ 的增量通常用希腊字母 Δ(delta)来表示：

$$\Delta y \quad 或 \quad \Delta f(x).$$

就是说，自变量的增量相等，则相应的函数增量也相等（线性函数把每一个等差数列都转化为另一个等差数列）．在匀加速运动中，相等的时间间隔里所经过的路程的距离是一致地增加的．与此对应，对于每一个二次函数（顺便说一句，不仅是函数 $y=x^2$，而且是任何函数 $y=ax^2+bx+c$），自变量的增量相同，函数的增量则是均匀增加的．

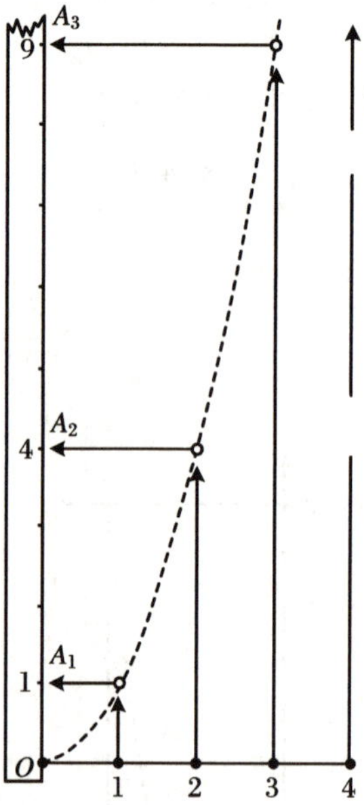

图 4.4

练　习

1．对三项式函数 $y=x^2+x-3$ 制作一个三列的表格（自变量的值、函数值以及函数的增量），x 取值 1，0，−1，−2，−3．将这个表格再添上一列，并在该列中填入相继的两个增量的差．

现在取另一个三项式 x^2+3x+5．对函数制作一个类似的表格．比较这两个表格的最后一列．如果采用三项式 $2x^2+3x+5$，会是什么结果？

2．从图 4.4 明显地看到，如果在 x 轴的正半轴上取均匀的刻度，那么函数 $y=x^2$ 的图像把它变成了位于 y 轴上的刻度 O，A_1，A_2，A_3，等等，而这些刻度不再是均匀的．这些刻度将 y 轴分划成线段 OA_1，A_1A_2，A_2A_3，等等．想像一下 y 轴被切成了这些线段，然后，这些线段沿着 x 轴被等距离地依次竖放（它们的基点在 1，2，3 等处）（图 4.5），那么，这些线段的终点是怎样排列的？解释这个结果．

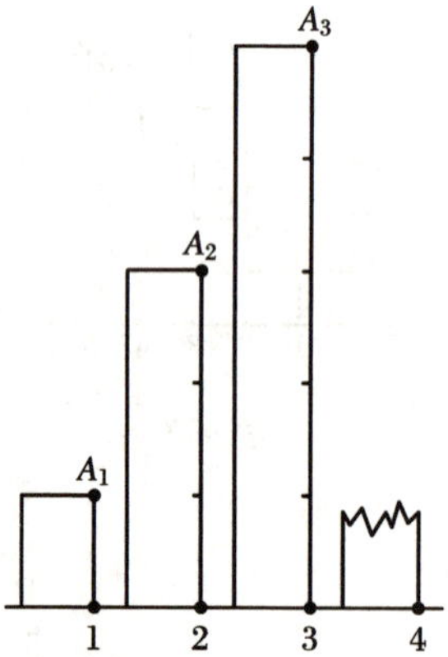

图 4.5

3．让我们对正的 x 值考虑 $y=x^3$ 的图像（图 4.6）．像在上面的练习 2 中对 $y=x^2$ 的图像所做那样，对它做相同工作．在你的草图中示意出，在此情景下线段的终点是如何排列的．回答一个更困难些的问题：你能确定出这些线段的终点所位于的那条曲线的方程吗？

问题

作出 $y=x^2$ 的图像（图 4.7）．取一个相当大的刻度：1 刻度 = 2 cm（4 个正方形）．在 y 轴上标出点 $F\left(0,\frac{1}{4}\right)$．

用一个纸带测量出点 F 到抛物线上任意一点 M 的

距离.然后在 M 点将纸带固定住,绕着该点转动纸带,直到它处于竖直状态.纸带的端点会落在 x 轴下某个稍低的地方.在纸带上标记出它比轴低了多少(图 4.7).在抛物线上另外再取一点,重复这个测量过程.现在纸带的边缘往 x 轴下方下降了多少?我们可以预先告诉你结论:无论在抛物线 $y=x^2$ 上取什么点,这一点到点 $\left(0,\frac{1}{4}\right)$ 的距离,总是比它到 x 轴的距离大同一个数,即 $\frac{1}{4}$.

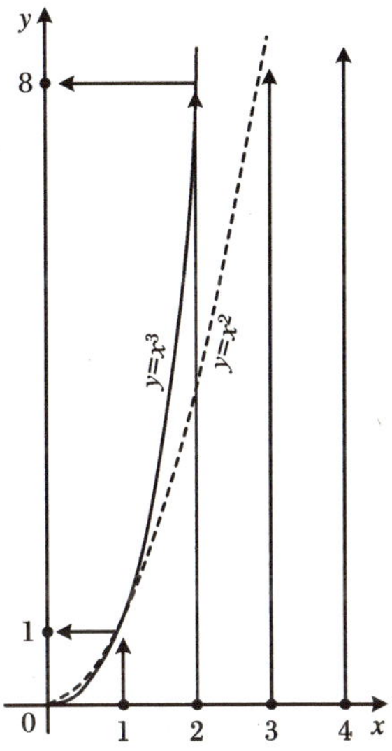

图 4.6

这可以换一个说法:抛物线上的任一点到点 $\left(0,\frac{1}{4}\right)$ 的距离,等于抛物线上的同一点到直线 $y=-\frac{1}{4}$ 的距离,这直线平行于 x 轴.

这个显著的点 $F\left(0,\frac{1}{4}\right)$,被称为抛物线的焦点,而直线 $y=-\frac{1}{4}$ 被称为这条抛物线的准线.

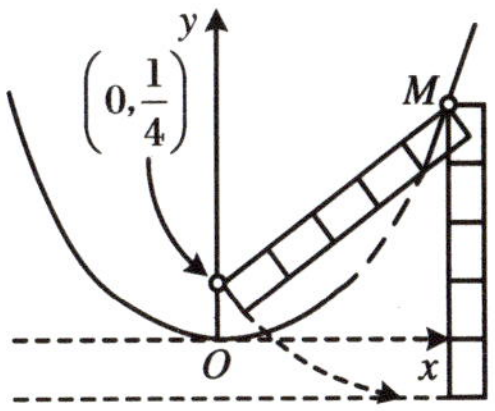

图 4.7

每条抛物线都有一条准线和一个焦点(可参看图 4.8(a)).

抛物线的有趣性质:

1. 抛物线的任一点距离某一个点的距离,等于抛物线上同一点到某一直线的距离,这个点称为抛物线的焦点,这一直线称之为准线(图 4.8(a)).

2. 装在一个转动的容器中的液体的表面,具有旋转抛物面的形状.如果你用一把小汤匙使劲地搅动玻璃杯中的半杯水,拿出汤匙后会看见这种曲面(图 4.8(b)).

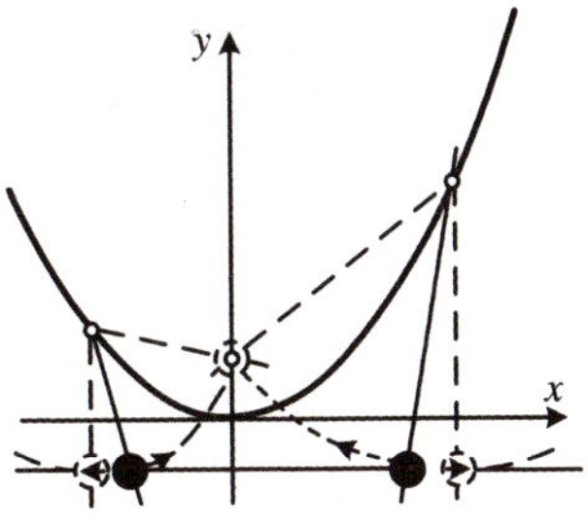

(a)

(b)

图 4.8

3. 如果将一个石片以沿着与水平线夹某个角的方向扔出去,那么它将沿一条抛物线进行运动(图 4.8(c)).

4. 如果圆锥面被一个平行于它的一条母线的平面所截,那么得到的截线是抛物线(图 4.8(d)).

(c)

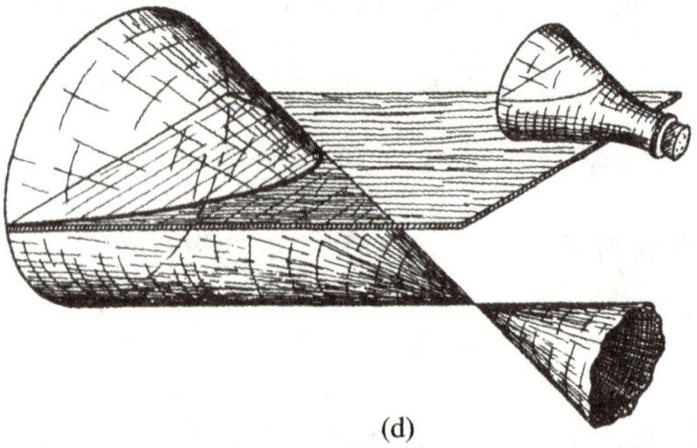

(d)

图 4.8(续)

5. 探照灯的表面通常采用抛物面的形状.如果将光源放在抛物面焦点的位置,那么由抛物镜面反射的光线会构成平行光线束.

6. 有的公园会有一个娱乐景点——“神奇抛物面”.对站在转动的抛物面内部的每一个人来说,他自己似乎直立在地板上,而其他的人则好像是奇迹般地贴在墙壁上(图 4.8(e))①.

7. 抛物面也用在反射望远镜中:遥远的星光,以平行线束的方式行进,落在望远镜的镜面上,汇聚到焦点(图 4.8(f)).

---

① 在图 4.8(b)和图 4.8(e)中所描述的实验,都是基于抛物线的同一个性质:如果抛物线绕着它竖直的轴线,以合适的速度旋转,那么在抛物面的任何一点,其向心力与重力的合力总是指向与其表面垂直的方向.

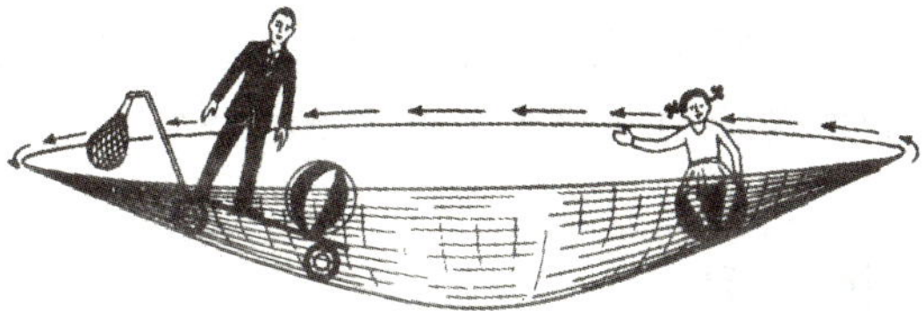

(e)

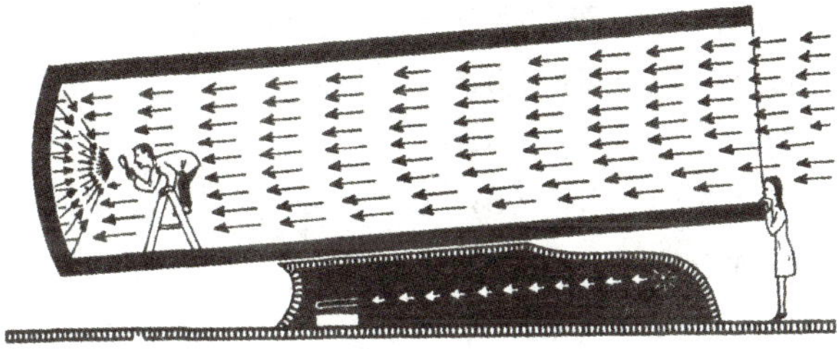

(f)

图 4.8(续)

4.3

现在让我们考虑形如

$$y=x^2+px+q$$

的二次三项式函数.让我们说明,它们与抛物线 $y=x^2$ 在形状上并无差异,只是在关于坐标轴的位置有所不同.

首先,我们考虑一个系数是具体数值的例子.取三项式函数

$$y=x^2+2x+3.$$

为了得到它的图像,让我们将它写成

$$y=(x+1)^2+2$$

的形式,这里我们进行了配平方.

$y=(x+1)^2$ 的图像是由抛物线 $y=x^2$ 沿着 x 轴平移得到的(请解释为什么曲线 $y=(x+1)^2$ 是由 $y=x^2$ 沿着 x 轴左平移得到的).由 $y=(x+1)^2$ 的图像得到的 $y=(x+1)^2+2$的图像是很简单的(图 4.9).

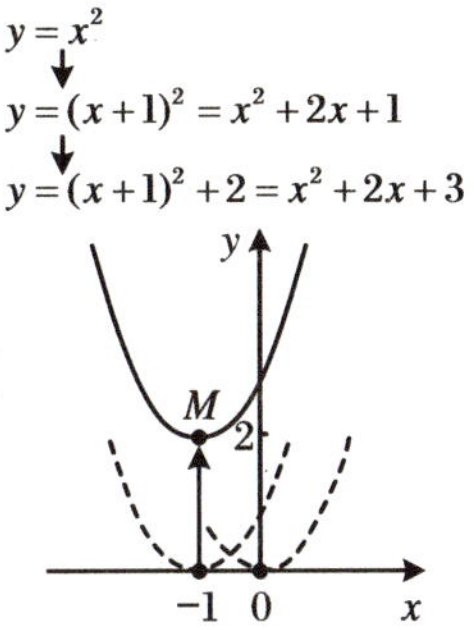

图 4.9

于是,三项式函数

$$y=(x+1)^2+2=x^2+2x+3$$

的图像是由抛物线 $y=x^2$ 向左平移一个单位以及向上平移两个单位得到的.在这个变换过程中,位于原点(0,0)抛物线的顶点,到达了坐标为(−1,2)的 M 点.

练　习

1. 画出以下函数的图像:

(1) $y=(x+2)^2+3$;

(2) $y=(x+2)^2-3$;

(3) $y=(x-2)^2+3$;

(4) $y=(x-2)^2-3$.

2. (1) 找出函数

$$y=x^2+6x+5$$

的最小值.

解答　所给函数的最小值是抛物线 $y=x^2+6x+5$ 顶点的纵坐标.为确定顶点的坐标,让我们配平方:

$$x^2+6x+5=(x+3)^2-4.$$

这样,我们的抛物线是由 $y=x^2$ 沿着 x 轴平移 -3 个单位,并沿着 y 轴平移 -4 个单位得到的;也就是说这个函数的最小值等于 -4.

(2) 抛物线

$$y=x^2+px+q$$

的顶点位于点(−1,2)处,确定 p 和 q.

现在让我们证明,通过平移抛物线 $y=x^2$,我们可以得到任何形如

$$y=x^2+px+q$$

二次三项式函数的图像.像之前一样,我们配平方,也就是说,我们把三项式写成 $(x+\cdots)^2+\cdots$ 的形式,其中在括号中和式的第二项以及常数项,都应该选取成与 x 无关的.

将括号中的表达式展开后,x 的一次项是一个乘积的二倍,并且由于这一项要等于 px,在括号中和式的第二项应该取成 $\dfrac{p}{2}$.于是我们有

$$x^2+px+q=\left(x+\frac{p}{2}\right)^2+\cdots$$

$$= x^2 + px + \frac{p^2}{4} + \cdots.$$

由于三项式中的常数项应该等于 q，省略号处我们应该取 $q - \frac{p^2}{4}$.

于是，三项式函数 $y = x^2 + px + q$ 可以写成如下形式：

$$y = \left(x + \frac{p}{2}\right)^2 + q - \frac{p^2}{4}.$$

我们看到(图 4.10)

$$y = x^2 + px + q$$

所表示的图像，通过沿着 x 轴平移[①] $-\frac{p}{2}$ 单位，并且沿着 y 轴平移 $q - \frac{p^2}{4}$ 单位，即表示了抛物线 $y = x^2$.

这条抛物线的顶点 M 具有横坐标 $x_M = -\frac{p}{2}$ 和纵坐标 $y_M = q - \frac{p^2}{4}$.

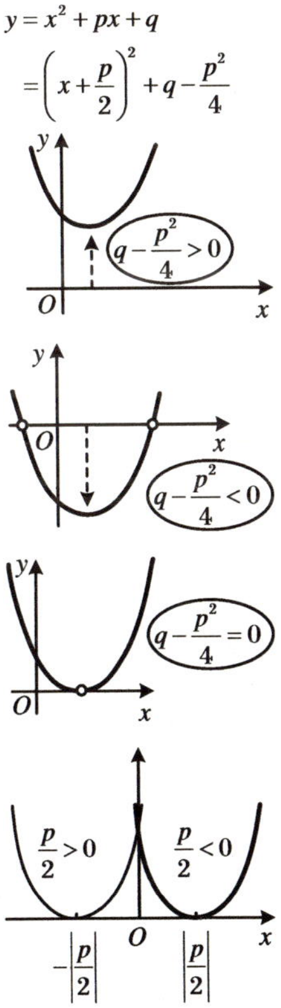

图 4.10

4.4

以 $y = ax^2$ 的图像为“基础”，用同样的方法我们能够得到更一般的二次三项式函数

$$y = ax^2 + bx + c$$

的图像.

让我们用一个例子来分析这一点. 我们取三项式函数

$$y = \frac{1}{2}x^2 - 3x + 6.$$

我们把 x^2 的系数放到括号的外面：

① 沿着 x 轴平移 $-\frac{p}{2}$ 单位的意思是：当 $-\frac{p}{2} > 0$ 时向右平移，当 $-\frac{p}{2} < 0$ 时向左平移.

$$\frac{1}{2}x^2-3x+6=\frac{1}{2}(x^2-6x+12).$$

将括号里的式子配平方：

$$\frac{1}{2}(x^2-6x+12)=\frac{1}{2}(x^2-2\times 3x+9+3)$$
$$=\frac{1}{2}[(x-3)^2+3].$$

这样，最终有

$$y=\frac{1}{2}(x-3)^2+\frac{3}{2}.$$

我们看到

$$y=\frac{1}{2}(x-3)^2+\frac{3}{2}$$

的图像是由抛物线 $y=\frac{1}{2}x^2$ 沿着 x 轴向右平移 3 个单位以及沿着 y 轴向上平移 $\frac{3}{2}$ 个单位而得到.

问题

1. 将抛物线 ax^2 沿着 x 轴和 y 轴平移，以得到三项式函数 $y=ax^2+bx+c$ 的图像.

（**答案** 抛物线 $y=ax^2+bx+c$ 是由抛物线 $y=ax^2$ 沿着 x 轴平移 $-\frac{b}{2a}$ 且沿着 y 轴平移 $\frac{4ac-b^2}{4a}$ 得到的）

2. 确定函数 $y=2x^2-4x+5$ 在区间中的最小值：

(1) 从 $x=0$ 到 $x=5(0\leqslant x\leqslant 5)$；

(2) 从 $x=-5$ 到 $x=0(-5\leqslant x\leqslant 0)$.

（**解答** 让我们利用前一问题的结果，构造函数 $y=2x^2-4x+5$ 的图像(图 4.11)）

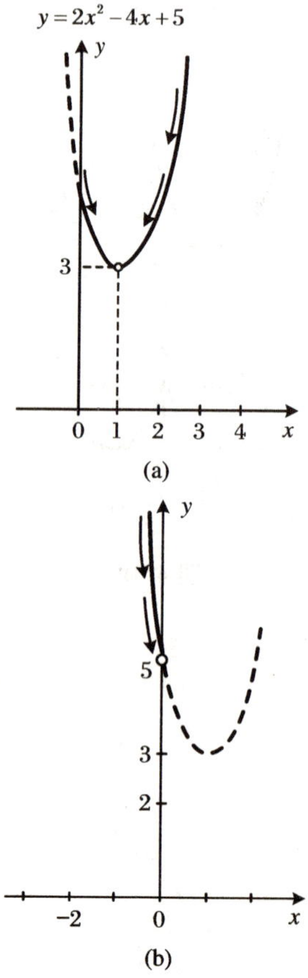

图 4.11

从图中明显可以看到，当 x 从 $x=0$ 变到 $x=5$ 时，函数 $y=2x^2-4x+5$ 开始是下降的(到 $x=1$)，然后上升，于是函数 $y=2x^2-4x+5$ 在区间(a)中的最小值是它在 $x=1$ 处的取值(图 4.11(a))．当 x 从 -5 变到 0 时，函数 $y=2x^2-4x+5$ 一直是下降的，因此函数在区间(b)中的最小值是它在 $x=0$ 处的取值(图 4.11(b))．

（**答案** 在区间(a)中的最小值为 3；在区间(b)中最小值为 5）

练　习

1. 画出下列函数的图像，指出每一个抛物线顶点的确切坐标以及图像与坐标轴交点的坐标：

(1) $y=x-x^2-1$；

(2) $y=-3x^2-2x+1$；

(3) $y=10x^2-10x+3$；

(4) $y=0.125x^2+x+2$.

2. 如果先将抛物线 $y=x^2$ 沿着 y 轴按 $2:1$ 的比例拉伸，然后再沿着同一个轴向下平移 3 个单位，会得到什么函数的图像？如果以相反的次序实行这两个变换：先将抛物线 $y=x^2$ 向下平移 3 个单位，然后将得到的曲线沿着 y 轴按 $2:1$ 的比例伸展，又会得到什么函数的图像(图 4.12)？

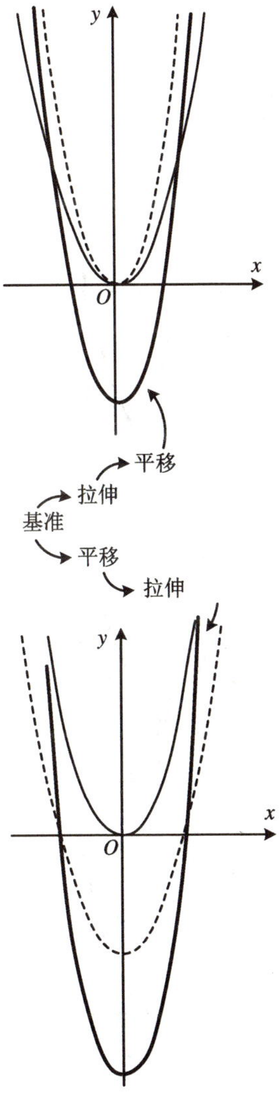

图 4.12

3. 抛物线 $y=x^2-3x+2$ 应该沿着 x 轴以及 y 轴平移多少单位，才能得到抛物线 $y=x^2+x+1$？

4. 将抛物线 $y=x^2$ 沿着 x 轴平移，使得它通过点 $(3,2)$. 这会得到什么函数的图像(图 4.13)？

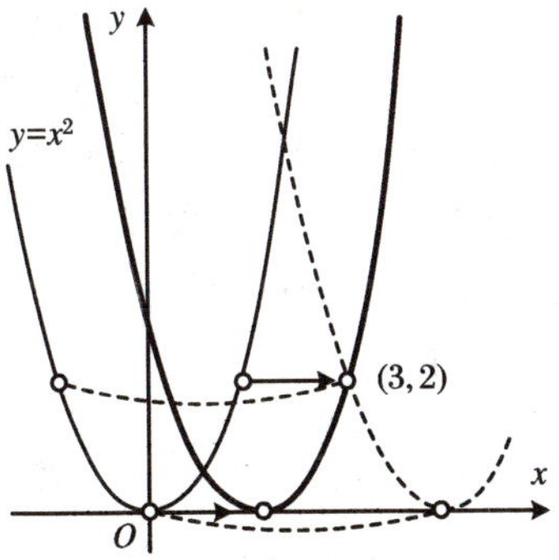

图 4.13

4.5

现在让我们看看，利用函数 $y=x^2+px+q$ 的图像，我们能够对方程 $x^2+px+q=0$ 做些什么.

这个方程的根是指 x 的这些值，使得函数 $y=x^2+px+q$ 的值等于零. 在图像中这些点具有 y 等于零的坐标；也就是说，它们位于 x 轴上.

从二次三项式函数

$$y=x^2+px+q$$

的图像，可明显地看出，如果 $\frac{p^2}{4}-q>0$，则二次方程 $x^2+px+q=0$ 有两个实根；而如果 $\frac{p^2}{4}-q<0$，则没有根 $\Big($ 回忆一下，如果 $q-\frac{p^2}{4}<0$，那么抛物线 $y=x^2$ 是向下移动的，如果 $q-\frac{p^2}{4}>0$，则是向上移动的 $\Big)$（图 4.14）.

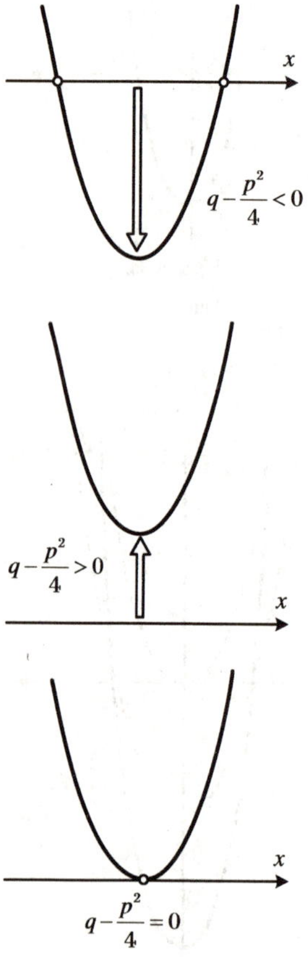

图 4.14

如果 $\frac{p^2}{4}-q=0$，方程

$$x^2+px+q=0$$

则变为

$$\left(x+\frac{p}{2}\right)^2=0.$$

这个情形是特别有趣的，我们可以仔细地讨论一下.

方程 $x-2=0$ 有一个解，$x=2$；方程 $(x-2)^2=0$ 也只有一个解，$x=2$；没有其他的数可以满足这个方程了.

然而，在第一种情形中，我们说方程 $x-2=0$ 有一个根，而在第二种情形下，我们说方程 $(x-2)^2=0$ 有重根，或者说，有两个相等的根：

$$x_1=2,x_2=2.$$

如何解释清楚这个差别？

有几种解答方式，我们只给出其中的一种. 让我们把第一个方程稍稍变一下：将右端的零项换成某个小的数. 当然，(方程的)根改变了，但像原先那样，它仍然是唯一的；方程像原来一样，只有一个数能够满足它，比如

$$x-2=0.01,$$
$$x=2.01.$$

现在让我们以同样的方式改变第二个方程：

$$(x-2)^2=0.01,$$
$$x^2-4x+3.99=0.$$

得到的方程将有两个根：

$$x_1 \approx 2.1, x_2 \approx 1.9.$$

现在我们要再次改变方程 $(x-2)^2=0.01$ 的右边，把它换成越来越小的数.只要右边不等于零，方程就将有两个不同的根.当右端逐渐消失时，两个根“相互趋近”，以致它们的数值彼此相差于一个越来越小的量.最终，当右边等于零时，这两个根“重合”——两个根的数值变得相等.于是人们说方程 $(x-2)^2=0$ 有两个根，融合成一个二重根.

几何上，两根相重对应于抛物线 $y=(x-2)^2$ 接触到 x 轴.

二次三项式函数 $y=x^2+px+q$ 的一般情形将从几何上进行分析.首先，假设常数 q 小于 $\frac{p^2}{4}$ $\left(\text{即 } q-\frac{p^2}{4}<0\right)$，从而抛物线 $y=x^2+px+q$ 与 x 轴有两个交点（图4.15）.我们将增大常数项：抛物线向上移动，首先，它与 x 轴有两个交点（于是方程 $x^2+px+q=0$ 有两个不同的根）；然后，当这些交点越来越近时，在某一个时刻 $\left(\text{当 } q-\frac{p^2}{4}=0 \text{时}\right)$ 它们汇合成为一个点.在这个时刻抛物线

$$y=x^2+px+q=\left(x+\frac{p}{2}\right)^2$$

与 x 轴接触，并且方程

$$x^2+px+q=0$$

有一个二重根.当常数进一步增大，抛物线不再与 x 轴相交，且方程 $x^2+px+q=0$ 将没有任何实根.

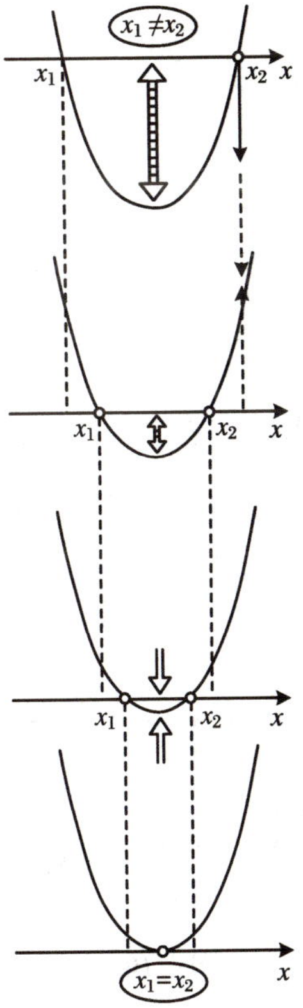

图 4.15

练 习

1. 求出抛物线

$$y=ax^2+bx+c.$$

它在 $x=3$ 和 $x=-5$ 处与 x 轴相交，并且与 y 轴在点 $y=30$ 处相交.

解答 定义这条抛物线的二次三项式将具有以下形式：

$$a(x-3)(x+5),$$

令 $x=0$，得到与 y 轴的交点.于是，当 $x=0$ 时我们的函数必须取值为 30.我们得到：

$$a(-3)(+5)=30,$$

因此 $a=-2$.

(**答案** 抛物线 $y=-2x^2-4x+30$)

2. (1) 求出形如

$$y=x^2+px+q$$

的二次三项式函数,已知它的图像在点 $x=2$ 和点 $x=5$ 与 x 轴相交;

(2) 求出形如

$$y=x^3+px^2+qx+r$$

的三次四项式函数,已知它的图像在点 $x=1$, $x=2$ 和点 $x=3$ 与 x 轴相交;

(3) 你能否求出一个多项式函数,它的图像与 x 轴有 101 个交点:$x_1=-50, x_2=-49, x_3=-48, \cdots, x_{101}=50$?

这样的多项式函数最低的次数是多少?

3. 三项式函数 $y=-x^2+6x-9$ 有两个相等的根,要求:

(1) 用 0.01 来变动常数项,以使得到的三项式函数有两个不同的根;

(2) 如果仅用 0.01 来变动 x 的系数,能得到同样的结果吗?

4. 图 4.16(a)和(b)表示二次三项式函数

$$y=x^2+px+q$$

的图像,求出 p 和 q. 选择更加有利的比例以及坐标轴的位置,画出图 4.16(b)的图像.

5. 图 4.17(a),(b)和(c)描述了二次三项式函数

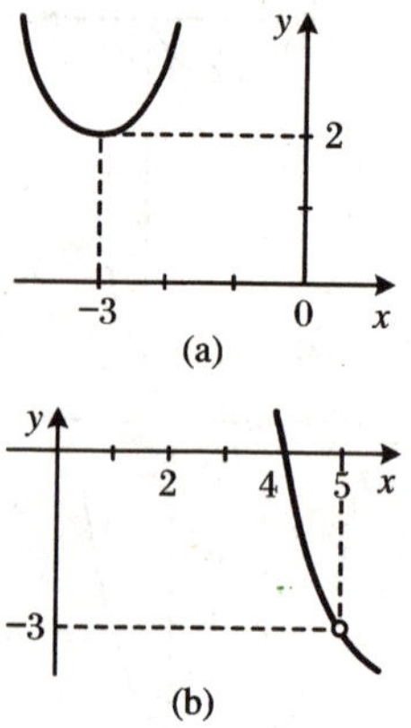

图 4.16

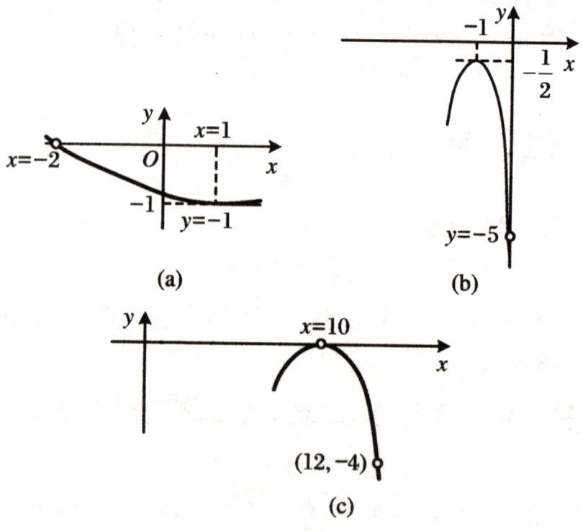

图 4.17

$$y = ax^2 + bx + c$$

的图像，求出 a，b 和 c.

6.（1）解不等式

$$x^2 - 5x + 4 > 0.$$

解答　从图 4.18 可明显地看出，二次函数

$$y = x^2 - 5x + 4$$

在两个区间上是正的：对 x 小于 1 以及对 x 大于 4.

（**答案**　$x<1$ 和 $x>4$）

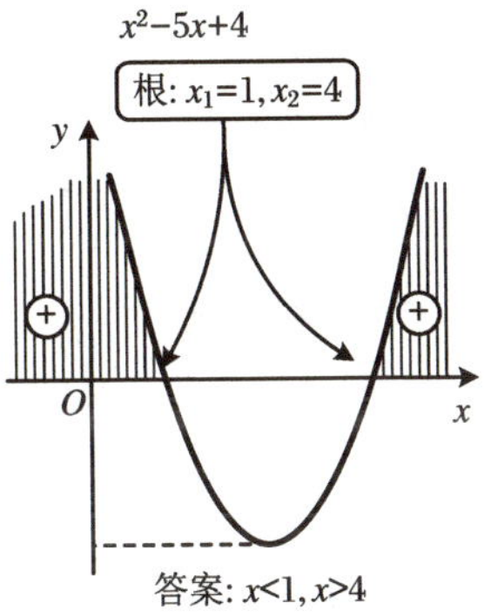

图 4.18

（2）解不等式

$$x - 1 < |x^2 - 5x + 4|.$$

解答　让我们把左端的以及右端的函数图像画在同一个图中. 从图 4.19 可以明显地看出，直线 $y = x - 1$ 与图像

$$y = |x^2 - 5x + 4|:A(x_1, y_1), B(x_2, y_2), C(x_3, y_3)$$

有 3 个公共的点. 条件 $x - 1 < |x^2 - 5x + 4|$ 在 3 个区间中成立：

$$x < x_1, x_1 < x < x_2, x > x_3.$$

x_1 的值可以由方程

$$x - 1 = x^2 - 5x + 4$$

解出.

x_2 的值可以由方程

$$x - 1 = -(x^2 - 5x + 4)$$

解出.

x_3 的值可以由方程

$$x - 1 = x^2 - 5x + 4$$

解出.

（**答案**　$x<1$，$1<x<3$ 和 $x>5$，也就是说，除去 $x = 1$ 和 $3 \leqslant x \leqslant 5$ 的一切 x）

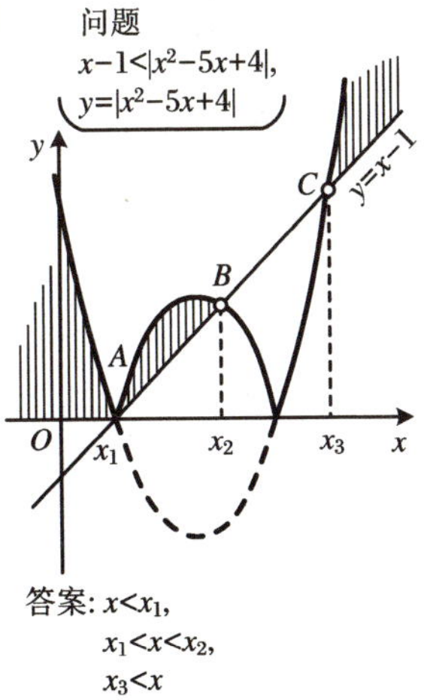

图 4.19

（3）求下列不等式：

$$x - 1 > |x^2 - 5x + 4|;$$

$$x - 1 \geqslant |x^2 - 5x + 4|$$

的解.

7. 求出函数

$$y = x^2 - 5|x| + 4$$

在 x 为 -2 到 2 区间内的最大值.

4.6

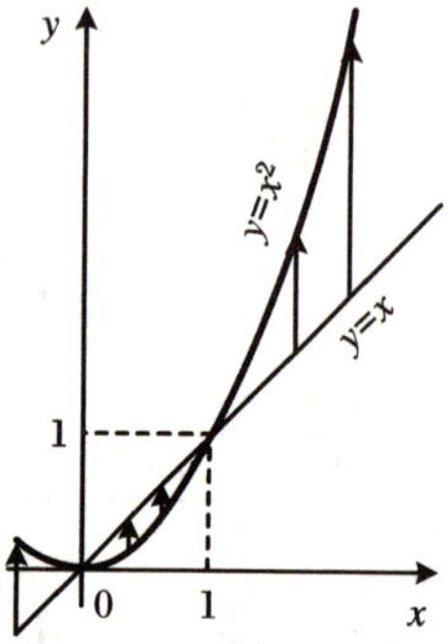

图 4.20

函数 $y=x^2$ 的图像也可以通过“平方”$y=x$ 的图像来得到，也就是说，在心里把每一个纵坐标进行平方(图 4.20).

练　习

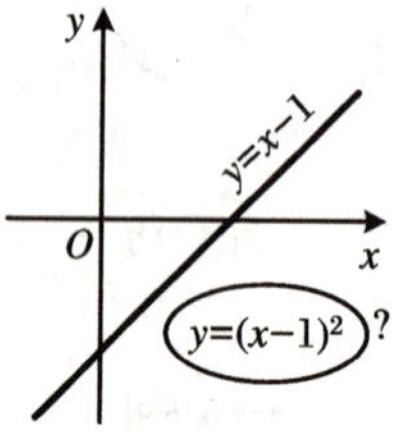

图 4.21

1. 给定 $y=x-1$ 的图像(图 4.21)，在同一个图中画出 $y=(x-1)^2$ 的图像.

2. 给定 $y=f(x)$的图像(图 4.22)，在同一个图中画出 $y=(f(x))^2$ 的图像.

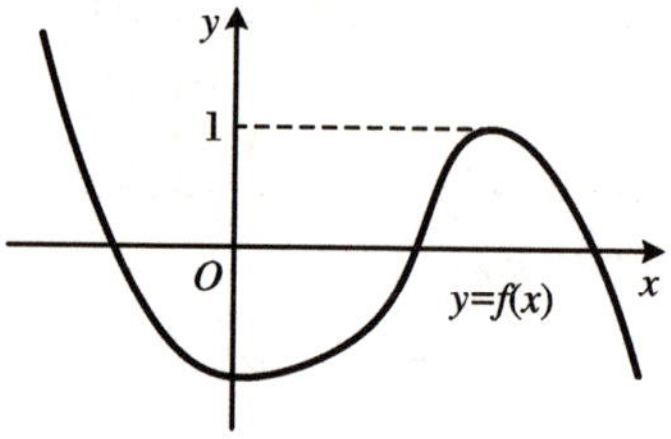

图 4.22

3. 基于

$$y=x(x+1)(x-1)(x-2)$$

的图像(图 1.10)，画出

$$y=x^2(x+1)^2(x-1)^2(x-2)^2$$

的图像.

4. 画出下列函数的图像：

(1) $y=[x]^2$；

(2) $y=(x-[x])^2$.

第 5 章 分式线性函数

在图 5.1 中，给出了一个对构造图像尚未入门的人经常会画出的函数 $y=\dfrac{1}{x}$ 的“图像”. 他们是这样论证的：“对 $x=1$，$y=1$. 对 $x=2$，$y=\dfrac{1}{2}$. 对 $x=3$，$y=\dfrac{1}{3}$. 对 $x=-1$，$y=-1$. 对 $x=0$，…？不清楚…$\dfrac{1}{0}$ 的意义，所以我们就忽略掉 $x=0$.”

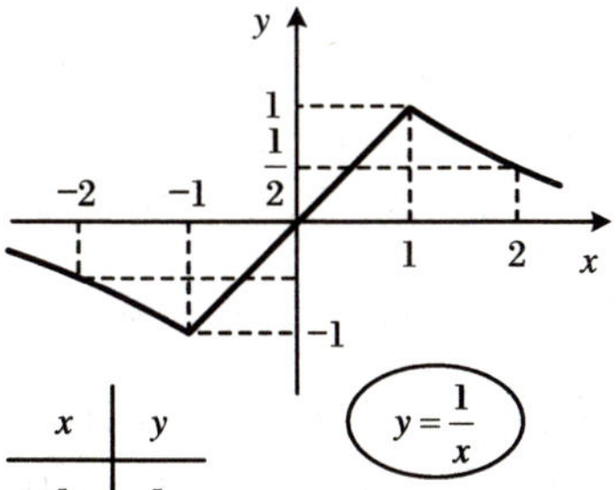

x	y
1	1
2	$\frac{1}{2}$
3	$\frac{1}{3}$
−1	−1

图 5.1

从前面的内容中，读者知道不应该以这样的方式作图. 为了得到一个正确的图像，我们首先应注意到函数在 $x=0$ 没有定义. 在这种情形下，首先应观察函数在这一点附近的行为方式. 当 x 的绝对值减少，趋向于零时，那么 y 的绝对值会不受控制地变大. 如果 x 从右边趋于零 ($x>0$)，那么 $y=\dfrac{1}{x}$ 也是正的. 于是，在从右边趋于零时，图像的曲线向上移动(图 5.2(a)).如果 x 从左边趋于零($x<0$),那么 $y=\frac{1}{x}$ 也是负的,于是从左边向下移动(图 5.2(b)).

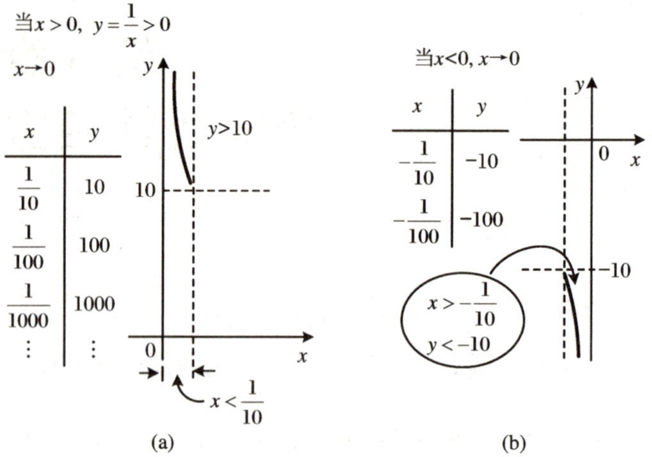

图 5.2

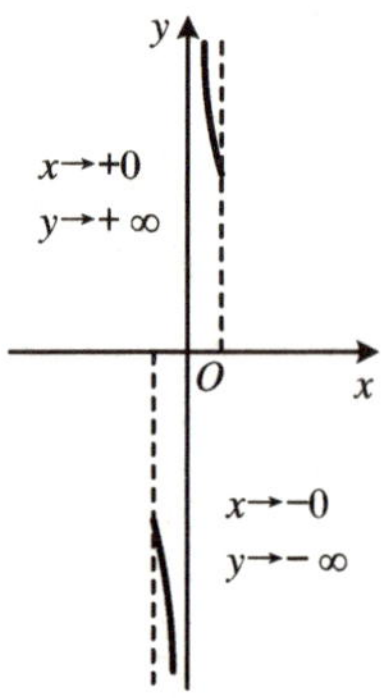

图 5.3

现在很明显,在“禁止”值 $x=0$ 附近,图像分成两支,沿着 y 轴发散开:右侧那支上升,而左侧那支下降(图 5.3).

现在让我们看清楚,当 x 的绝对值增大时函数的行为.我们先考察右侧那支,也就是,$x>0$ 时的函数值.对正的 x 函数 y 的值也是正的,这意味着整个的右侧分支是在 x 轴上方.当 x 增加时,分数 $\frac{1}{x}$ 减小.于是,在从零向右方运动时,曲线下降得越来越低,并且它可以与 x 轴接近到任意小的距离(图 5.4(a)).对于 $x<0$ 得到类似的图像(图 5.4(b))(示意图,y 轴未画出).

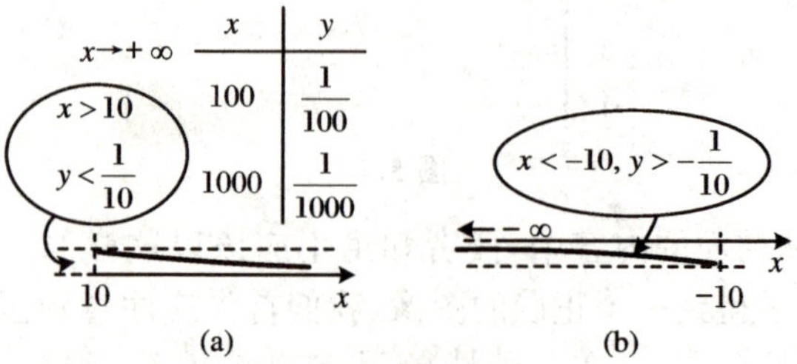

图 5.4

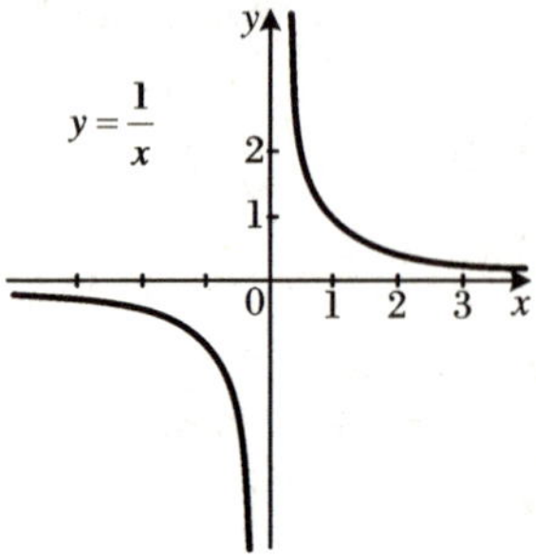

图 5.5

因此当 x 的绝对值无限地增加时,函数 $y=\frac{1}{x}$ 的绝对值无限地减小,并且函数图像的两支趋近于 x 轴:右侧分支从上方,左侧分支从下方(图 5.5).

函数 $y=\frac{1}{x}$ 给出的曲线叫作**双曲线**,双曲线的分支不断接近的直线叫作它的**渐近线**.

5.2

$y=\frac{1}{x}$ 的图像可以用稍微不同的方式作出来.

我们画出函数 $y=x$ 的图像(图 5.6(a)).让我们将每一个坐标都换成它的倒数,并在图 5.6(b)中画出相应的点.这样我们就得到了 $y=\frac{1}{x}$ 的图像.

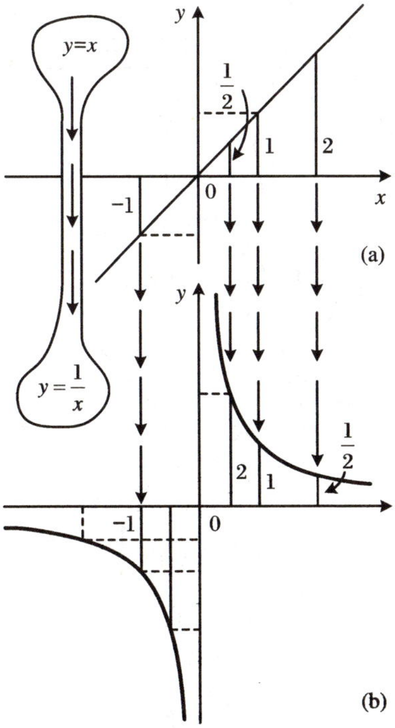

图 5.6

我们先前画出的图像清楚地显示了第一个图像的小的坐标是如何变换到第二个图像的大的坐标,并且,另一方面,又展示了大的坐标如何变换到第二个图像的小的坐标的.

在我们能够作出 $y=f(x)$ 的图像，而且必须还要作出函数 $y=\frac{1}{f(x)}$ 的图像时，这种“除”图像的方法是有用的（图 5.7）.

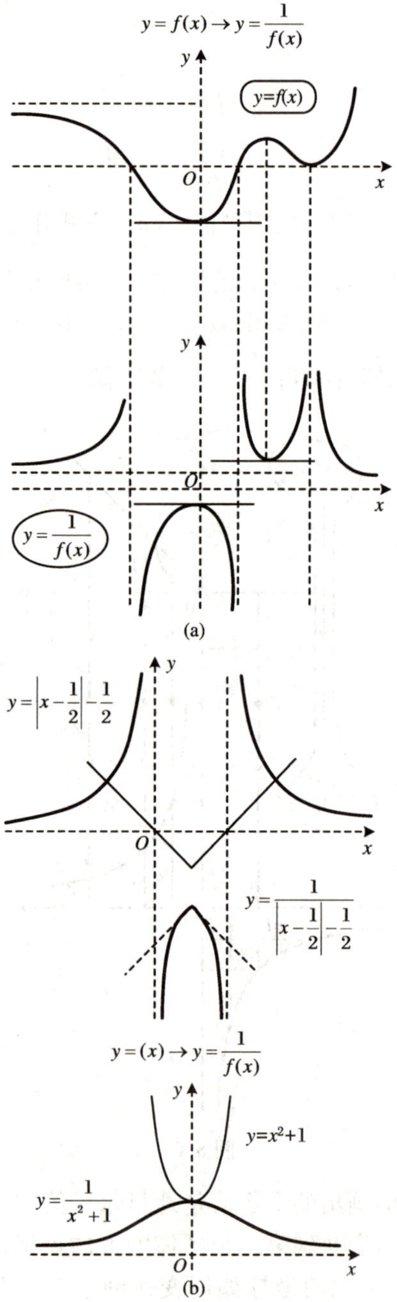

图 5.7

练　习

1. 由 $y=x^2$ 的图像作出$\frac{1}{x^2}$的图像(图 5.8).

2. 作出以下函数图像：

(1) $y=\frac{1}{x^2-3x-2}$;

(2) $y=\frac{1}{x^2-2x+3}$.

(将会看出这两个图像看起来是颇为不同的)

3. 从 $y=[x]$以及 $y=x-[x]$的图像,作出下列函数的图像：

(1) $y=\frac{1}{[x]}$;

(2) $y=\frac{1}{x-[x]}$.

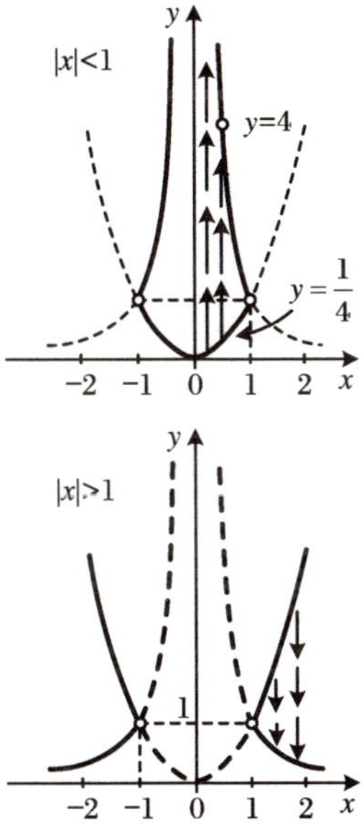

图 5.8

5.3

在下面练习中,要求你们所作的曲线,都是利用你们已经熟悉的变换,从双曲线 $y=\frac{1}{x}$得到的,这些曲线也称为双曲线.

练　习

1. 画出以下函数的图像：

(1) $y=\frac{1}{x}+1$;

(2) $y=\frac{1}{x+1}$;

(3) $y=\frac{1}{x-2}+1$.

指出每一条双曲线的渐近线.

2. (1) 证明直线 $y=x$ 和 $y=-x$ 是双曲线 $y=\frac{1}{x}$的对称轴;

（2）$y=\frac{1}{x^2}$图像的右分支有对称轴吗？⊕

3. 基于 $y=\frac{1}{x}$ 的图像作出 $y=\frac{4}{x}$ 的图像，这条曲线有对称轴吗？

形如

$$y=\frac{b}{cx+d} \quad (\text{这里 } c\neq 0 \text{ 且 } b\neq 0)$$

的函数的图像可以由 $y=\frac{1}{x}$ 的图像，沿着 x 轴平移以及沿着 y 轴拉伸而得到. 为了确定出平移和拉伸比例的准确值，需要把分式的分子和分母都除以 c，则 x 的系数：

$$\frac{b}{cx+d}=\frac{\frac{b}{c}}{x+\frac{d}{c}}.$$

我们对例子 $y=\frac{1}{3x+2}$ 做同样的工作，于是我们有（图 5.9）：

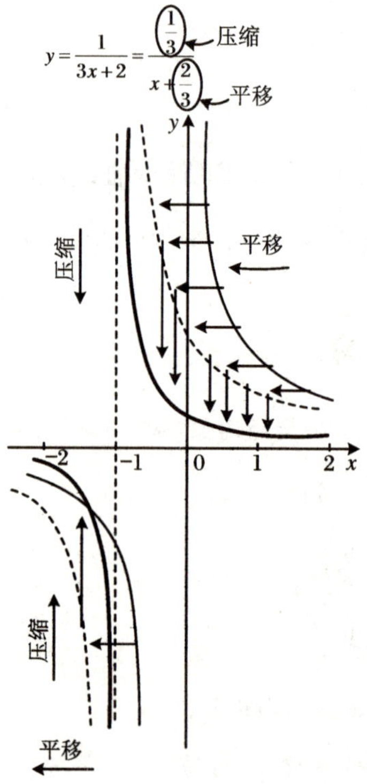

图 5.9

$$\frac{1}{3x+2}=\frac{\frac{1}{3}}{x+\frac{2}{3}}.$$

现在很明显，函数 $y=\frac{1}{3x+2}$ 的图像是 $y=\frac{1}{x}$ 的图像，沿着 x 轴平移 $\left(-\frac{2}{3}\right)$[①] 并且沿着 y 轴按 3∶1 的比例压缩得到的(图 5.9).

练　习

画出

$$y=\frac{1}{2-x}+1$$

的图像.

$\Bigg($**提示**　如前所述变换分式 $\frac{1}{2-x}$：分子和分母同除以 x 的系数，即除以 -1，得到

$$y=\frac{-1}{x-2}+1\Bigg)$$

5.4

形如

$$y=\frac{ax+b}{cx+d}$$

的函数叫作**分式线性函数**，它的图像在形式上与 $y=\frac{1}{x}$ 的图像没有什么不同. 当然，我们假设 $c\neq 0$ $\left(\right.$否则得到线性函数 $y=\frac{a}{d}x+\frac{b}{d}\left.\right)$ 以及 $\frac{a}{c}\neq\frac{b}{d}$；也就是说，分子不是分母的一个倍数 $\left(\right.$就像函数 $y=\frac{4x+6}{2x+3}\left.\right)$，不然的话，函数是常值函数.

让我们证明这一点. 先考虑例子：

---

① 不是有些人轻率地所说的“-2”.

$$y=\frac{2x+1}{x-3}.$$

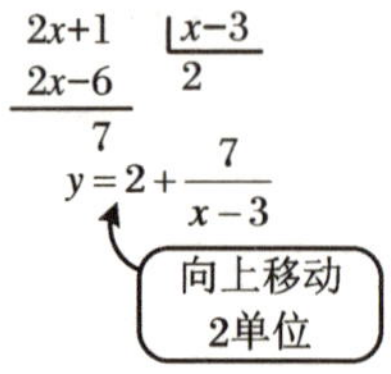

图 5.10

我们用分子除以分母，分离出分式的“整数部分”（图5.10），从而得到

$$\frac{2x+1}{x-3}=2+\frac{7}{x-3}.$$

这个函数的图像显然是由 $y=\frac{1}{x}$ 的图像通过下面的变换得到的：向右平移3个单位，沿着 y 轴按 $7:1$ 的比例拉伸，然后再向上平移2个单位.

双曲线的有趣性质：

如图5.11(a)所示，双曲线是所有这样的点的轨迹，它到给定的两点 F_1 和 F_2 距离之差的绝对值等于一个给定的数，这两个定点称为焦点.

如图5.11(b)所示，一颗从遥远的距离进入太阳系的彗星，将沿着双曲线的一个分支运动，太阳在这条双曲线

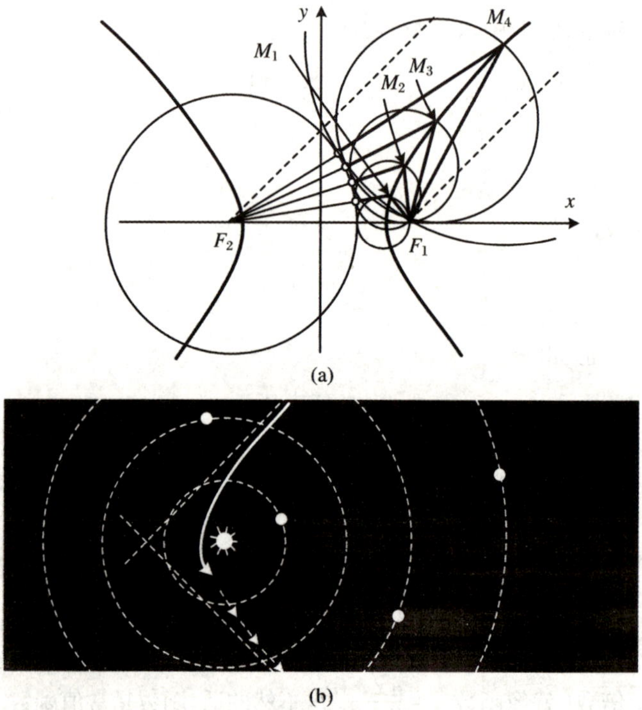

图 5.11

的焦点上.一条渐近线①给出了彗星进入太阳系的行进方向,而另一条渐近线给出了它离开太阳系的行进方向.

如图5.11(c)所示,在轰击原子核时,一个飞过原子核的α粒子,将沿着双曲线中的某一条行进.

如图5.11(d)所示,如果双曲线绕着与其分支不相交的那个对称轴旋转,就会得到一个曲面,这个曲面叫**单叶双曲面**.这个曲面有着一个令人瞩目的性质:它是由直线"编织"起来的.莫斯科电信中心塔就是这样一个双曲面的"一片",它完全是用笔直的钢条建成的.

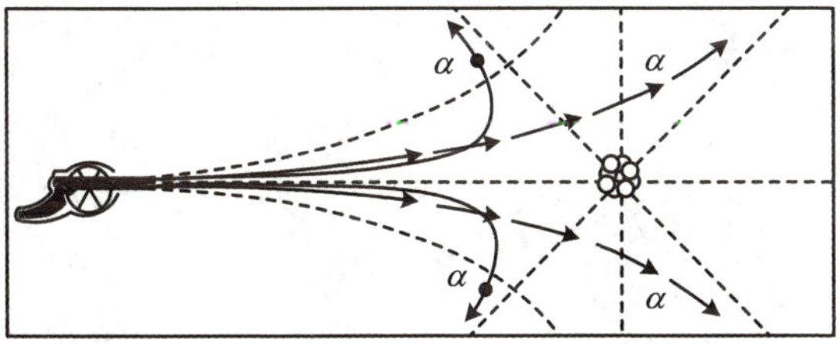

(c)

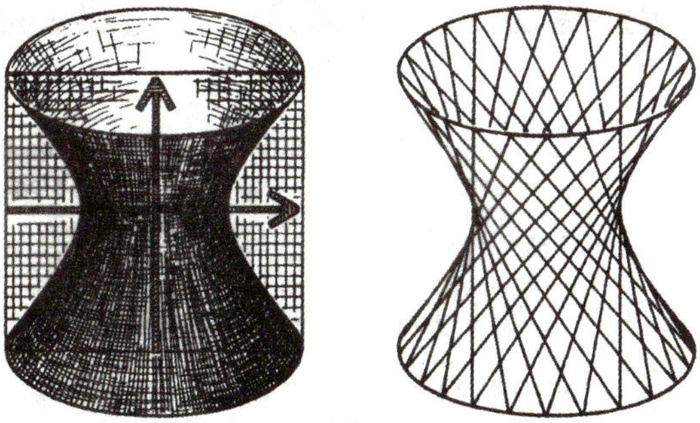
(d)

图5.11(续)

如图5.11(e)所示,如果双曲线绕着另外一个对称轴旋转,就会得到一个由"两片"构成的曲面,叫**双叶双曲面**.A.托尔斯泰在写他的小说《工程师加林的双曲面》的时候,脑海里浮现的就是这样的双曲面.但是,双曲面其实并不具备工程师加林所需要的收集平行光束的性能,而是抛物面才有那种性能,因此,把那本小说取名为《工

① 每一条双曲线都有两条渐近线.分式线性函数 $y=\dfrac{ax+b}{cx+d}$ 的图像给出的双曲线,有两条互相垂直的渐近线.其他的双曲线有两条交于不同角度的渐近线.

程师加林的抛物面》更加正确.

如图 5.11(f)所示,如果一个无限的圆锥,以适当的方式与一个平面相交,那么在相交处会得到一条双曲线.假若读者手头有一盏灯,灯影是正圆锥形的,那他就可以彻底弄明白真相:灯光照亮的墙上的那一部分是由一段双曲线围起来的.

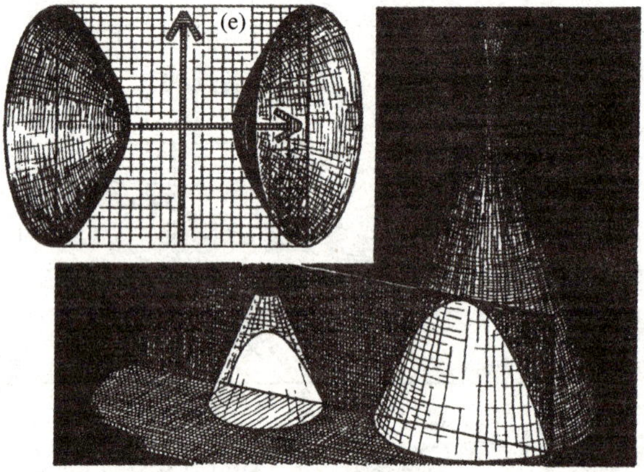

(f)

图 5.11(续)

任何分式线性函数 $y=\dfrac{ax+b}{cx+d}$ 都可以分离出它的"整数部分",可用类似的方式写出来.因此,所有分式线性函数 $y=\dfrac{ax+b}{cx+d}$ 的图像都是双曲线(沿着坐标轴平移不同的距离而且沿着 y 轴以不同的比例拉伸).

注 要作出一个分式线性函数的图像,不一定要对给出函数的分式进行变换.因为我们知道图像是一条双曲线,只要找到它的分支趋近的直线(双曲线的渐近线)和更多的一些点就可以了.

例知,让我们作出函数

$$y=\frac{3x+5}{2x+2}$$

的图像.

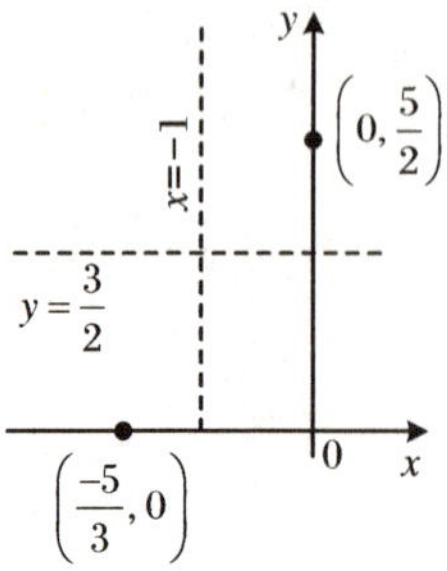

图 5.12

我们先找出这条双曲线的渐近线.函数在 $2x+2=0$ 处没有定义,即在 $x=-1$ 处(图 5.12).因此,直线 $x=-1$ 是竖直的渐近线.

为了找出水平的渐近线,让我们找出,当变量的绝对

值增大时，函数趋向于哪个数值. 对大的(绝对值)x 值

$$y=\frac{3x+5}{2x+2}\approx\frac{3x}{2x}=\frac{3}{2},$$

从而水平渐近线是直线 $y=\frac{3}{2}$.

我们再确定出双曲线与坐标轴的交点. 在 $x=0$ 处我们有 $y=\frac{5}{2}$. 当 $3x+5=0$，即当 $x=-\frac{5}{3}$时，函数等于零.

在图中标出点$\left(-\frac{5}{3},0\right)$，$\left(0,\frac{5}{2}\right)$后，我们可作出图像(图 5.13).

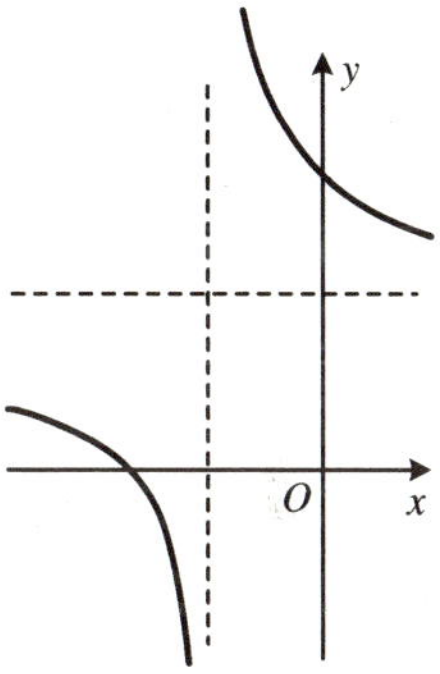

图 5.13

练　习

1. 作出以下函数的图像：

(1) $y=\frac{1}{1-2x}$;

(2) $y=\frac{3+x}{3-x}$;

(3) $y=\left|\frac{2x+1}{x+1}\right|$.

2. 图 5.14(a)和(b)表示分式线性函数 $y=\frac{px+q}{x+r}$的图像，求出这些函数(确定 p,q 和 r).

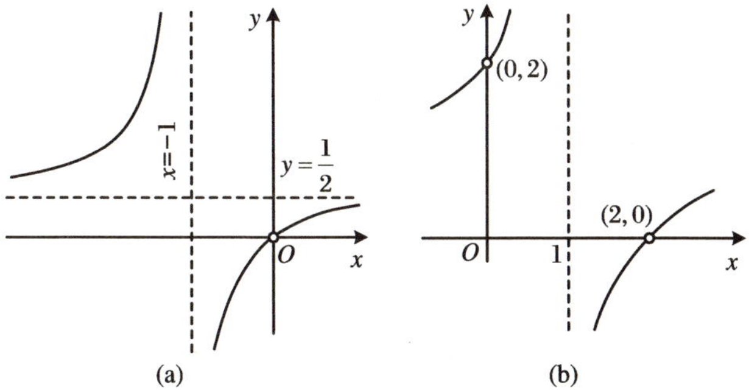

图 5.14

3. 方程

$$\frac{x}{1-x}=x^2+4x+2$$

有多少个解？

解答　让我们在一个图中作出函数

$$y=\frac{x}{1-x}$$

和

$$y=x^2+4x+2$$

的图像.

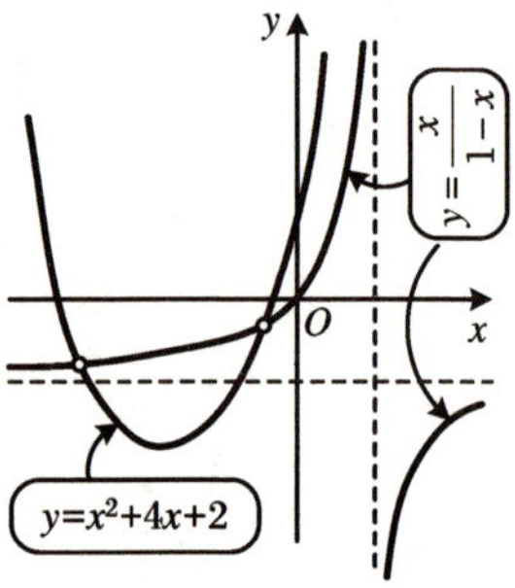

图 5.15

在图 5.15 中，可以看到这些图像的两个交点. 最后，因为抛物线与双曲线的渐近线相交，还有第三个点. 函数图像交点的横坐标就是方程的解.

(**答案** 3 个解)

第 6 章
幂　函　数

6.1

幂函数是形如 $y = x^n$ 的函数. 我们已经对 $n = 1$ 和 $n = 2$ 作出了幂函数的图像. 对 $n = 1$ 我们得到函数 $y = x$；这个函数的图像是一条直线(图 6.1(a)). 对 $n = 2$ 得到函数 $y = x^2$；这个函数的图像是一条抛物线(图 6.1(b)).

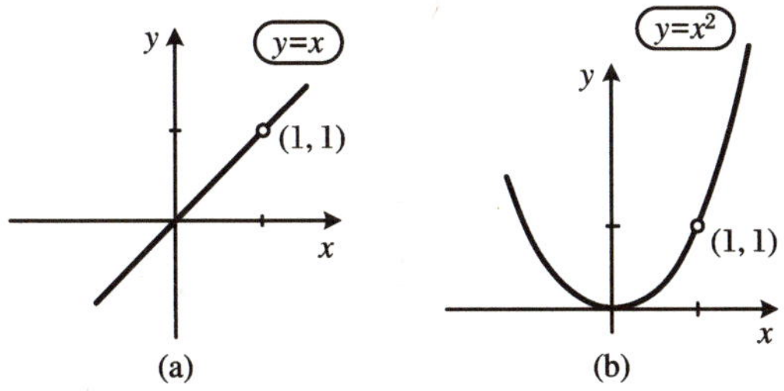

图 6.1

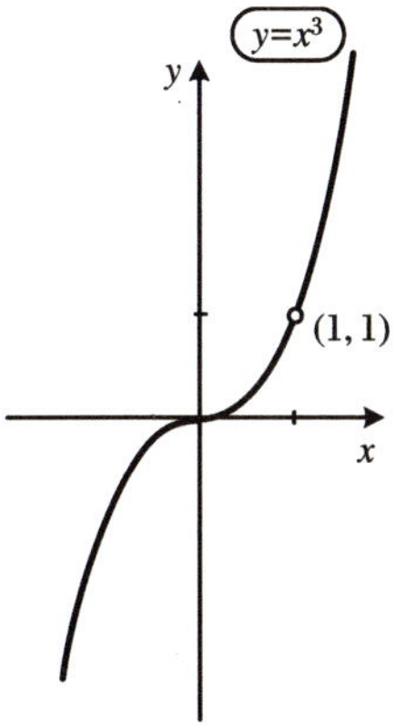

图 6.2

函数 $y = x^3$ 的图像也叫作抛物线——**三次抛物线**或者**立方抛物线**. 对正的自变量的值，立方抛物线 $y = x^3$ 与二次抛物线 $y = x^2$ 是类似的. 实际上，在 $x = 0$ 处，函数 $y = x^2$ 等于零而且函数 $y = x^3$ 也等于零；两个函数都通过原点；在 $x = 1$ 处 $y = x^2$ 的值等于 1 且 $y = x^3$ 的值也等于 1；两个函数都通过点(1,1).

当 x 增加时(如果 x 为正)，函数 $y = x^2$ 以及函数 $y = x^3$ 的值增加. 像通常的抛物线 $y = x^2$ 一样，立方抛物

线 $y=x^3$ 在原点的右边稳定地上升(图 6.2).

对负的 x 值,曲线 $y=x^3$ 的行为是不同于曲线 $y=x^2$ 的:对负的 x 值,x^3 的值也是负的,于是曲线是头朝下的(图 6.3).于是,在整体上,立方抛物线是完全不同于二次抛物线的.

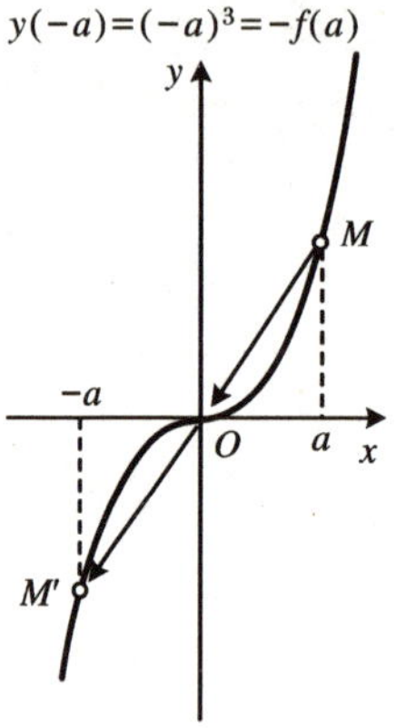

图 6.3

$y=x^3$ 的图像的左半部分可以由右半部分来得到,借助不同于我们在前文讲述的那种对称.让我们在 $y=x^3$ 的图像的右半部分上任意取一点 M(图 6.3).如果 a 是这一点的横坐标,那么它的纵坐标等于 a^3($b=f(a)=a^3$).现在让我们确定出,图像上对应于有相反符号的横坐标 $x=-a$ 的点.这一点的纵坐标等于$(-a)^3$,也就是 $-a^3$ 或 $-b$.于是对 $y=x^3$ 的图像右半部分上的每一点 $M(a,b)$,有一点 $M'(-a,-b)$在它的左半部分上(图 6.3).显然,M 点关于原点与M'点是对称的.因此整个图像的左半部分,可以用右半部分通过对坐标原点进行对称反射来得到.

练　习

1. 下面的函数中,哪些有对称中心,哪些有对称轴?

(1) $y=x^4$;

(2) $y=x^5$;

(3) $y=x^7$;

(4) $y=x^{10}$.

2. 证明函数 $y=\frac{1}{x^3}$的图像关于原点是对称的.

解答　让我们考虑曲线 $y=\frac{1}{x^3}$上具有横坐标 $x=a$ 和 $x=-a$ 的两点,第一个点的纵坐标等于$\frac{1}{a^3}$,第二个点的纵坐标$-\frac{1}{a^3}$.

因此,对曲线上的每一点 $M\left(a,\frac{1}{a^3}\right)$,其上有一点 $M'\left(-a,-\frac{1}{a^3}\right)$与第一个点关于原点是对称的.从而,整个曲线关于原点是对称的.

3. 下面的函数中,哪些是偶函数,哪些是奇函数?

(1) $y = x^3|x|$；

(2) $y = |x^3| + x$；

(3) $y = \dfrac{x}{|x|}$；

(4) $y = |x - x^2|$；

(5) $y = (2x+1)^4 + (2x-1)^4$；

(6) $y = \dfrac{1}{|2x - x^2|} - \dfrac{1}{|2x + x^2|}$；

(7) $y = (x^3+1)^2$；

(8) $y = (x^2+1)^3$；

(9) $y = \cfrac{1}{x + \cfrac{1}{x + \cfrac{1}{x}}}$；

(10) $y = (3-x)^5 - (3+x)^5$.

6.2

现在让我们看一下，对每一个正的 x 值，$y = x^3$ 的图像与 $y = x^2$ 的图像的差异如何. 为了达到这个目的，我们将 x^3 表示成 $x^2 \times x$，并且通过把 $y = x^2$ 的图像与 $y = x$ 的图像“相乘”来得到 $y = x^3$ 的图像(图 6.4). 在 $x = 1$ 处 x^3 的值等于 x^2 的值：点(1,1)是两个图像的公共点. 现在让我们从这一点向右走再向左走.

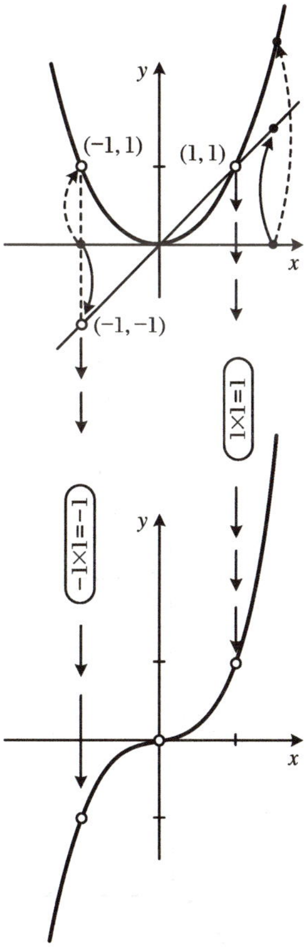

图 6.4

在点(1,1)的右侧，函数 $y = x^3$ 的值是由函数 $y = x^2$ 的值乘上一个大于 1 的数得到的. 于是对于 $x>1$，x^3 的值大于 x^2 的值——在点(1,1)的右侧，立方抛物线 $y = x^3$ 的图像位于抛物线 $y = x^2$ 图像的上方，并且当 x 增加时，这两个函数的差也增加.

如果从点(1,1)向左边走，x^3 的值将是由 x^2 的值乘以一个小于 1 的数得到的. 于是在点(1,1)的左侧，立方抛物线位于抛物线的下方，在原点处更快地趋近于 x 轴(图 6.5).

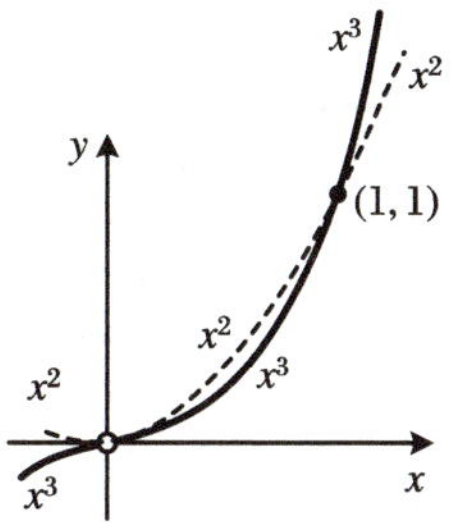

图 6.5

问题

对怎样的 x 值，x^3 的值比 x^2 的值大 100 倍？1 000

倍呢？在这些 x 处，立方抛物线比二次抛物线要高多少？立方抛物线会在任何 x 处都比二次抛物线高 100 个单位吗？何时会高出 1 000 000 个单位呢？

如果铅笔线的厚度被认为是 0.1 mm，而测量单位取为 1 cm，那么在 $x=0.1$ 处，抛物线 $y=x^2$ 不能与 x 轴区分开来.取相同的 x 值时，立方抛物线到 x 轴比之近了多少倍？

6.3

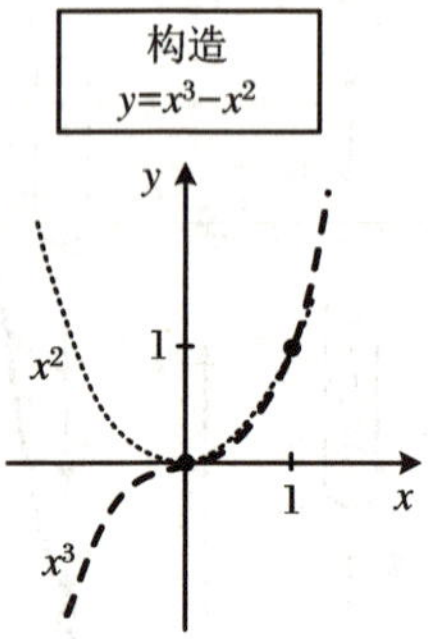

图 6.6

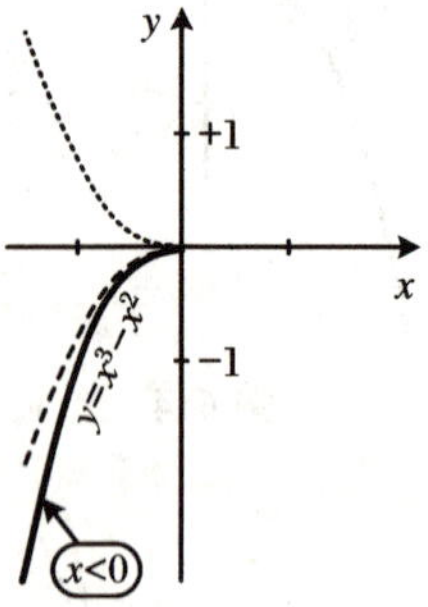

图 6.7

由 x^2 乘以 x 得到 x^3，$y=x^3$ 的纵坐标比 $y=x^2$ 的纵坐标大了**多少倍**？让我们试着用图像表示 $y=x^3$ 与 $y=x^2$ 的函数值之差.为此，让我们画出函数

$$y=x^3-x^2$$

的图像，它的纵坐标可以由 $y=x^3$ 图像的纵坐标减去 $y=x^2$ 图像的纵坐标来得到(图 6.6).

在 $x=0$ 处，x^2 和 x^3 均变为零，因此函数 $y=x^3-x^2$ 的图像通过原点.在原点的左边，负的 x^3 减去了正的 x^2；$y=x^3-x^2$ 是负的从而 $y=x^3-x^2$ 的图像在轴的下方(甚至在 $y=x^2$ 的图像的下方)(图 6.7).

在原点的右边，情况要更加复杂一些；两个函数都是正的，结果取决于哪一个绝对值更大：x^3 还是 x^2.在开始时 x^2 比 x^3 要大；因此曲线 $y=x^3-x^2$ 在原点附近是位于 x 轴下方的(图 6.8).渐渐地 x^3 开始增长得越来越快，并且在 $x=1$ 处在数值上追上了函数 $y=x^2$.于是(在 $x=0$ 和 $x=1$ 之间的某个地方)曲线开始上升并在某处与 x 轴相交(图 6.9).

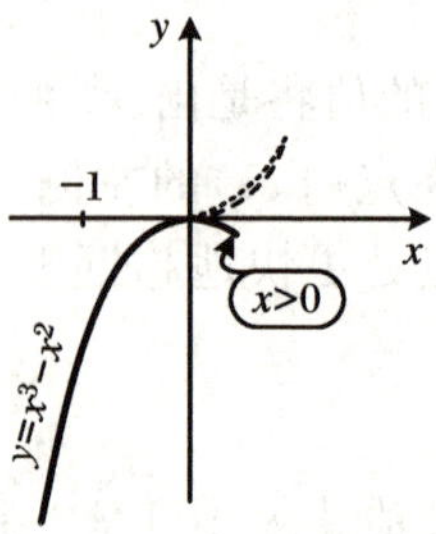

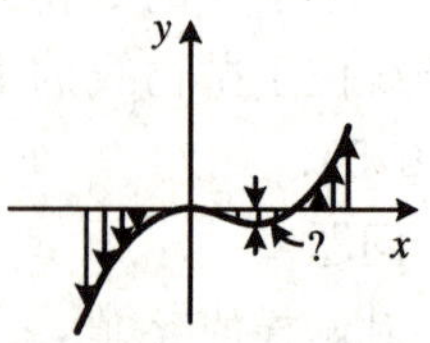

图 6.8　　　　　　　　　　图 6.9

进一步，在 $x=1$ 之后函数 $y=x^3-x^2$ 的值在增加，图像向上运动，并且对更大的 x 来说，这时 x^2 相对于 x^3 而言是小的，它与 $y=x^3$ 的图像几乎不太能区别开来(图 6.10).

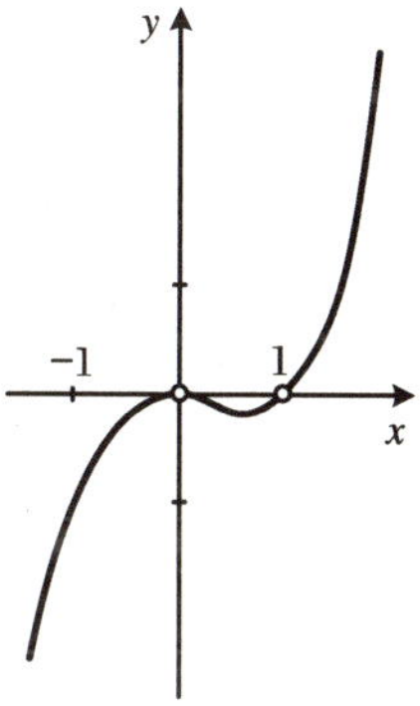

图 6.10

练　习

1. 大致确定出在哪个 x 处，函数 $y=x^3-x^2$ 的值开始增加，这是有可能的. 试着在至少 0.1 的精度内找出这个 x 值(也就是，在小数点后面一位). 在后面我们能够找出精确值. 函数图像的最低点恰好也位于这一点.

2. 解不等式：

(1) $x^3-x^2>0$;

(2) $x^3-x^2\leqslant 0$.

现在让我们比较函数 $y=x^3$ 和 $y=cx^2$ 的行为并且作出函数 $y=x^3-cx^2$ 的图像. 我们先取小的 c 值，比如，$c=0.3$. 这图像的外观取决于 $y=x^3$ 的图像与 $y=0.3x^2$ 的图像相互之间的位置是怎样的. 在图 6.11 中容易理解图像在远离原点处的结构，也就是说，对绝对值很大的 x 值，不会引起任何问题. 然而，从图中不能确定在原点附近抛物线 $y=x^3$ 与 $y=0.3x^2$ 中到底哪一条是位于另外一条下方的，而对这个问题的解答却决定了结果函数的图像是否有低洼处.

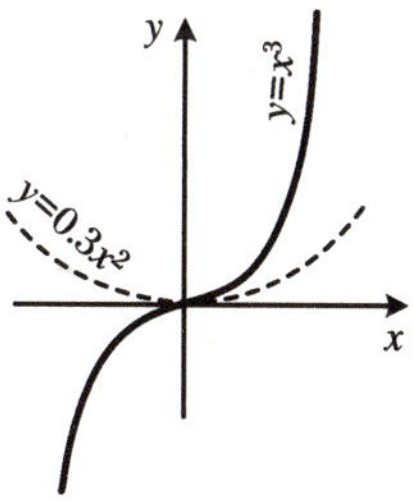

图 6.11

为了弄清楚这个问题，让我们解不等式：

$$x^3>0.3x^2$$

或

$$x^2(x-0.3)>0.$$

现在清楚了，在靠近原点的地方，即对于小于 0.3 的正的 x 值，立方抛物线位于抛物线 $y=0.3x^2$ 的下方(图 6.12(a)). 因此，我们现在能够用放大的格式，画出图 6.11 中我们原来不够清楚的那一部分，并且作出差函数

$$y=x^3-cx^2$$

的图像.

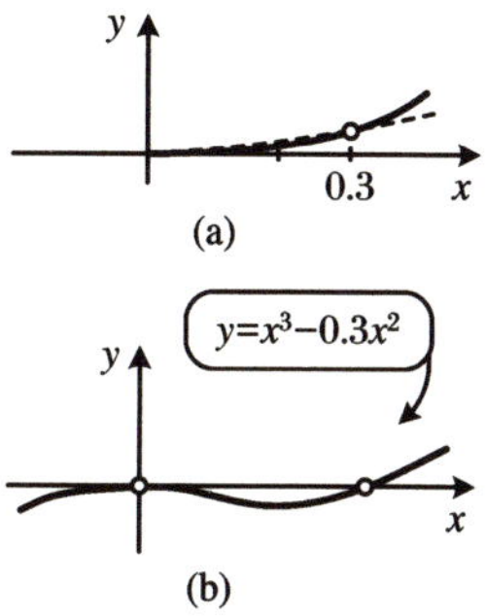

图 6.12

如 $y=x^3-x^2$ 的图像一样，在这个图像中，也有一个

低洼处，但是更加狭窄些（图 6.12(b)）.

练　习

1. 求出以下函数图像的“凹陷”的宽度：

(1) $y=x^3-0.001x^2$；

(2) $y=x^3-1\,000x^2$.

2. 在函数

$$y=x^3+0.001x^2$$

的图像中有凹陷处吗？

3. 说明在哪一个 x 之后，抛物线 $y=x^3$ 将位于抛物线 $y=50x^2$ 的上方；抛物线 $y=10\,000x^2$ 呢？

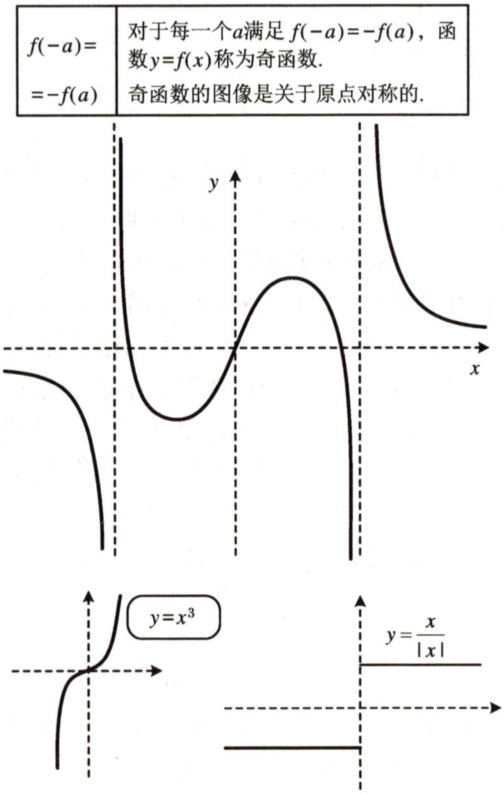

图 6.13

完成这些练习之后，你将会理解对任何的 $c>0$ 时，函数 $y=x^3-cx^2$ 的图像具有相同的特征、相同的形式：在原点的左边图像向下走，在原点处它触到 x 轴，接着它又向下走，然后向上走.这样的结果是，在图像中得到了一个凹陷，c 越大，凹陷越明显(图 6.14(a)).

如果我们让 c 逐渐减小，这个低洼处将逐渐地变得平坦，并且当 c 等于零时，低洼处将消失，从而图像将变成通常的立方抛物线 $y=x^3$(图 6.14(b)).

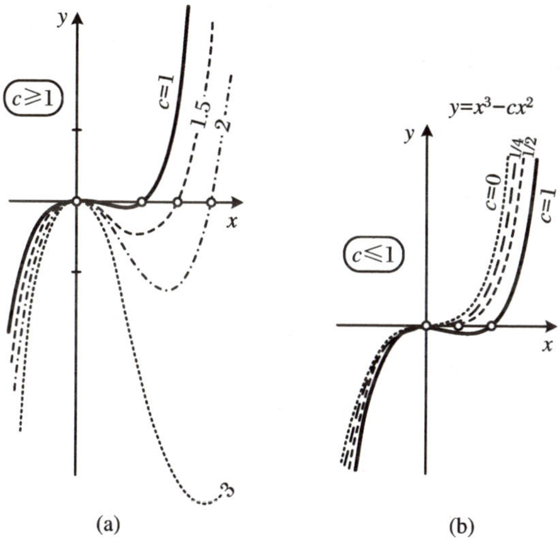

图 6.14

6.4

现在，对于正的 x 值，相比于任何形如 $y=cx^2$ 的函数，就函数 $y=x^3$ 而言，我们可以得到一个一般性的结论：对接近零的 x，函数 $y=x^3$ 将小于任何函数 $y=cx^2$，即使系数 c 非常小；另一方面，对大的 x 值，函数 $y=x^3$ 将大于任何函数 $y=cx^2$，即使系数 c 非常大.

还可以用不同的方式来表达这一结论：三次抛物线在原点是如此之快地靠近 x 轴，以致在抛物线和 x 轴之间，既不能通过直线也不能通过一条抛物线 $y=cx^2$，不论系数 c 是多么的小.另一方面，对大的 x 值(对 $x>0$)，抛物线 $y=x^3$ 会“超过”带有任何系数 c 的抛物线 $y=cx^2$，不论 c 有多大.

练　习

1. 画出下列函数的图像：

(1) $y=-x^3$；

(2) $y=|x|^3$；

(3) $y=1+x^3$；

(4) $y=(2+x)^3$；

(5) $y=(2-x)^3$；

(6) $y=x^3+3x^2+3x$.

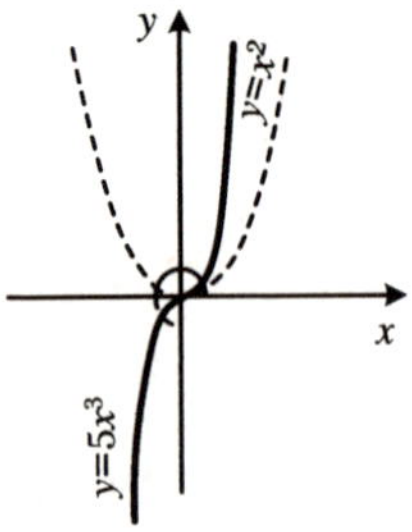

图 6.15

2. 图 6.15 表示了抛物线 $y=5x^3$ 和 $y=x^2$；因为图的比例小，在原点附近，图像的相对位置不够清晰.

"在显微镜下"看这张图并画出你所观察到的：将小圆圈标记出的部分用更大的比例画出来.

6.5

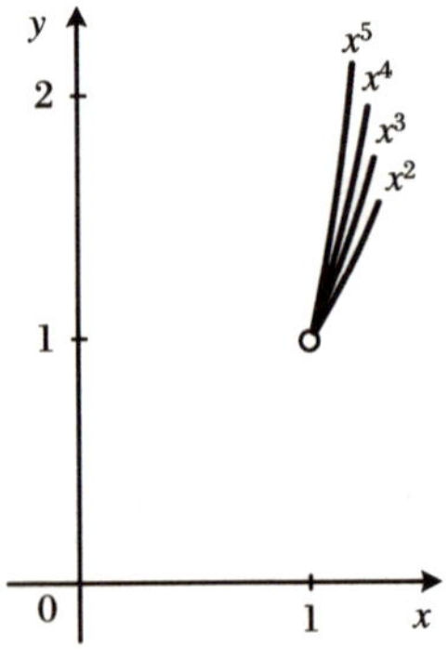

图 6.16

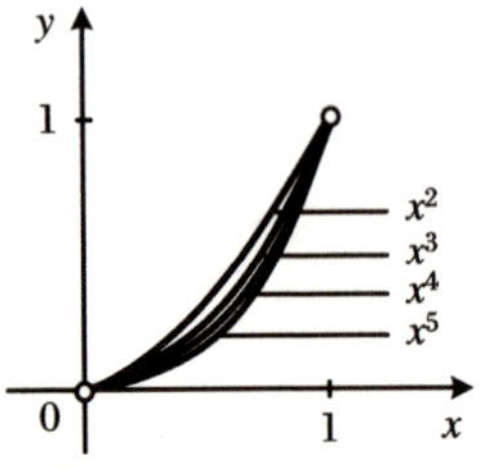

图 6.17

对于 $n>3$，我们不会像对 $y=x^3$ 那样，全面地分析函数 $y=x^n$. 这些函数图像的外观，或者使人想起了抛物线 $y=x^2$（对偶的 n），或者想起抛物线 $y=x^3$（对奇的 n）.

可以理解，对大的 x 值（绝对值大），函数 $y=x^4$ 增长得比 $y=x^3$ 还要快. 一般地，n 越大，对大的 x 值，幂函数 $y=x^n$ 会增长得越快（图 6.16）.

当 x 趋近于零时，所有幂函数 $y=x^n$ 的值也趋近于零；n 越大，它们趋近得越快. 所有幂函数 $y=x^n$ 的图像（从 $n=2$ 开始）在坐标原点触碰到 x 轴，n 越大，靠近它的速度越快（图 6.17）.

对大的 n，要严格地根据比例画出函数 $y=x^n$ 的图像，在实际上并不可行. 几乎在整个从 0 到 1 的这一段上，函数值都是非常小的，而且 $y=x^n$ 的图像无法与 x 轴区分开来. 在 $x=1$ 周围的小区域中，函数增长到 1，然后很快地增大，速度之快以致其图像超出任何纸张的边缘①.比如说,令 $n=100$.让我们试着从 $x=1$ 开始,画出 $y=x^{100}$ 的图像.在 $x=2$ 我们得到 $y=2^{100}$.这太大了!让我们取 $x=1.1$,那么 $y=(1.1)^{100}$.这依然是一个大的数.实际上,$(1.1)^{100}=[(1.1)^{10}]^{10}$.

现在让我们利用不等式 $(1+\alpha)^n>1+n\alpha$(对 $\alpha>0$ 成立).我们得到

$$(1.1)^{10}>1+10\times 0.1=2.$$

因此 $(1.1)^{100}>2^{10}>1\,000$.②

因此,对 $y=x^{100}$ 的作图而言,从1到1.1的范围还是太大了.只是在长度 0.01~0.02 的范围中,函数值彼此之间的差异才不会很大.

现在,让我们在 x 轴上的刻度取值为 y 轴上刻度的100倍.那么 $y=x^{100}$ 的图像在水平方向上被拉伸了100倍,并且将有如图6.18(a)所示的形状.

如果 n 更大,那么为了精确作出图像所要选取的范围就要更小.在图6.18(b)中,读者可以看出,$y=x^{1\,000}$ 的图像在水平方向上被拉伸了1 000倍.值得注意的是,这里得到了两条一模一样的曲线!③

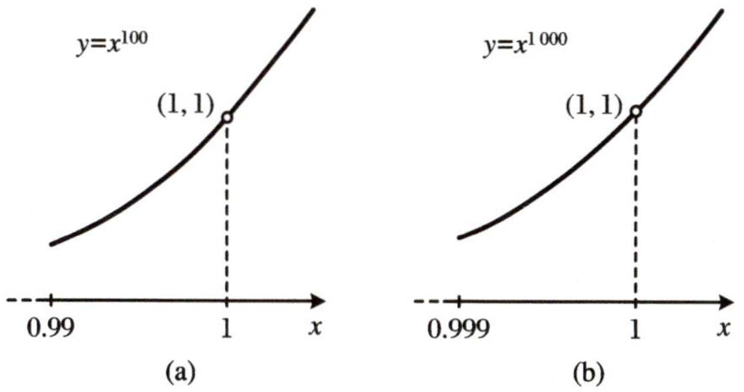

图 6.18

练 习

1. 用下述两种方法作出函数 $y=x^2-x^4$ 的图像:

---

① 对负的 x 值情形是类似的.

② $$(1+\alpha)^n=(1+\alpha)(1+\alpha)\cdots(1+\alpha)$$
$$=1+\underbrace{1\cdot 1\cdots 1}_{n-1}\cdot\alpha+\underbrace{1\cdot 1\cdots 1}_{n-1}\cdot\alpha+\cdots$$
未写出的以及用…表示的项均为正的.

③ 当然这两条曲线是有差别的;然而,差别很小以致在图中看不出.

(1) 函数 $y=x^2$ 与 $y=x^4$ 相减；

(2) 多项式 x^2-x^4 分解因式.

2. (1) 给定两个增加的数列：

$$a_n: 0.001, 0.004, 0.009, \cdots;$$

$$b_n: 100, 300, 500, \cdots,$$

第一个数列能追上第二个数列吗(也就是说，不等式 $a_n>b_n$ 能够对某个 n 成立吗)？

(2) 对数列

$$a_n: 0.001, 0.008, 0.027, \cdots;$$

$$b_n: 100, 400, 900, \cdots,$$

解答同样的问题.

3. 确定下列方程有多少个解：

(1) $x^3=x^2+1$；

(2) $x^3=x+1$；

(3) $x^3+0.1=10x$；

(4) $x^5-x-1=0$.

4. (1) 画出下列函数的图像：

$$y=x^3-x;$$

$$y=x^3+x.$$

(2) 确定 a 和 b，使得在函数 $y=ax^3+bx$ 的图像中，有一个宽度为10、深度不低于100的凹陷.

6.6

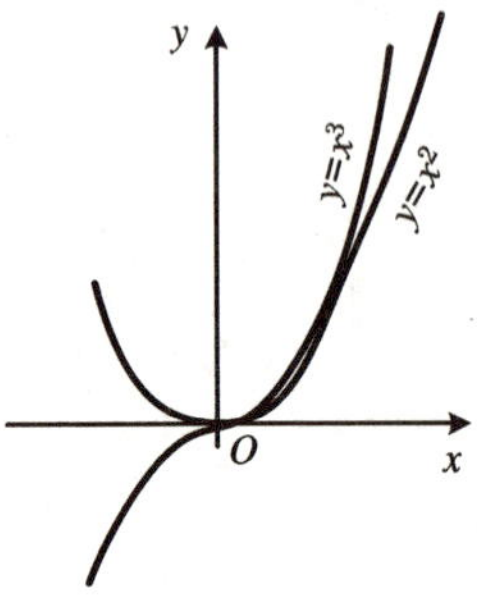

图 6.19

在我们讨论对于小的自变量值 x，幂函数 $y=x^n$ 的行为时，就说过这些函数的图像在原点与 x 轴接触. 让我们稍微细究一下这个事实，弄清楚直线与曲线接触这个说法的确切含义.

实际上，我们为什么说 x 轴与抛物线 $y=x^2$ 和立方抛物线 $y=x^3$ 都是接触的(尽管抛物线 $y=x^3$ 是“穿过” x 轴的(图 6.19))？

我们为什么不认为 y 轴是与抛物线 $y=x^2$ 相切的，尽管它与之只有一个公共点(参看图 6.19)？

一切都取决于，对“直线与曲线接触”这一术语赋予什么样的涵义，取决于什么被看作是切线的基本的定义属性以及对这个概念给出什么样的定义. 迄今为止，在学校的几何课中，我们只熟悉了一种曲线——圆周，只学习了圆周的切线定义.

让我们试着理解在哪些方面，圆的切线不同于它的割线. 下面的情形立刻就变得明显了：

(1) 切线与圆周只有一个公共点，而割线有两个(图 6.20)；

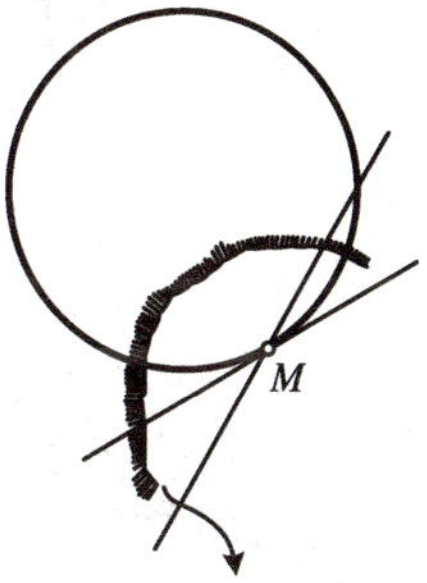

图 6.20

(2) 在相切的那一点 M 的附近，比起任何通过 M 的割线，切线与曲线要“更近一些”(因此，即使在图中只画出了圆周的一部分，而且不知道实际上是否有第二个公共点，我们还是能够将切线和割线区别开来，如图 6.21 所示).

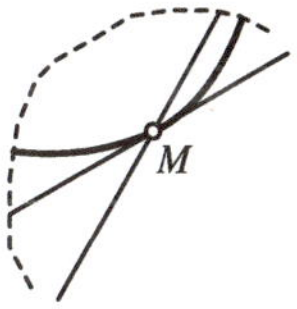

图 6.21

这两个条件中，哪一个被认为是更加重要的？要对任何一条一般曲线来定义切线，而不是仅仅对圆周，应该以哪一条为基础？

第一条性质更简单. 将与曲线只有一个公共点的直线叫作切线，这样的设想是可以的.

比如说，通过抛物线 $y=x^2$ 的顶点，除了 x 轴之外，还有另外一条，与抛物线仅有一个公共点的直线通过——这就是 y 轴；然而，y 轴并没有被称作抛物线 $y=x^2$ 的切线(图 6.19).

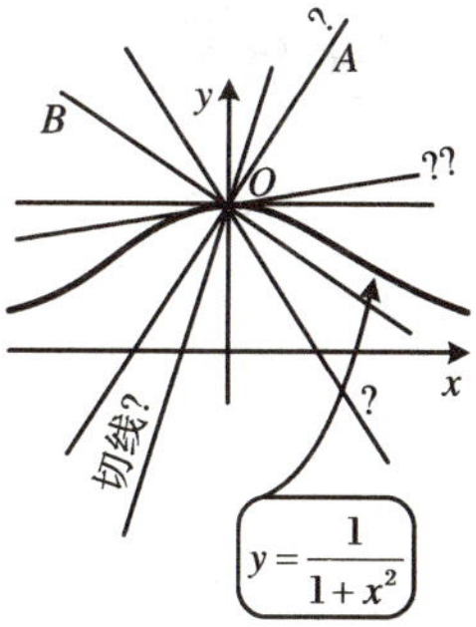

图 6.22

在图 6.22 中，情况更坏一些. 所有位于 $\angle AOB$ 内的直线，与曲线只相交一次！另一方面，在图 6.23 中，直线 AB 与曲线有两个公共点，然而，却有明显的理由被称为是切线. 实际上，如果把图片“剪裁”一下，只看靠近接触点 O 的那个范围，曲线相对于直线的情景，将与抛物线相对于 x 轴的情景有着完全相同的特点(图 6.24).

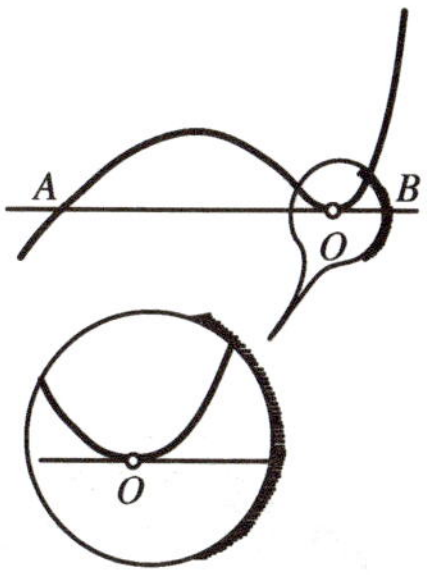

图 6.23

因此，把切线本身是紧密靠近曲线的这个事实挑选出来，作为切线的基本定义性质就是合理的了.

这样，比如说，认为立方抛物线 $y=x^3$ 在原点与 x 轴相切，就是自然的事情：因为抛物线 $y=x^3$ 在原点与 x 轴紧贴在一起(比抛物线 $y=x^2$ 贴得还要紧一些).

为了给出切线的定义，我们必须阐述一条直线“紧贴着”一条曲线是什么意思. 让我们再次审视一下抛物线 $y=x^2$. 在 x 轴(直线 $y=0$)和抛物线之间，不能通过一条直线：任何直线 $y=kx$(对 $k>0$)会在某个范围内跑到抛

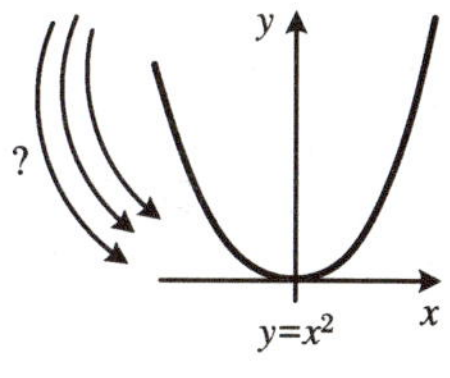

图 6.24

物线的上方,并与它再次相交.

如果把这直线顺时针转动,我们减小了 k,第二个交点(图 6.25 中的点 M)将趋近于第一个交点(点 O),并且最终与之重合.在这个时刻直线由割线变成了切线.

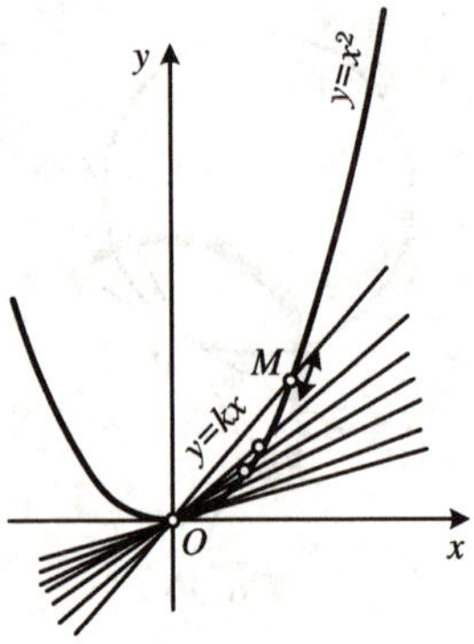

图 6.25

这同样的事情,在任何相切的情形下,都能看到.在图 6.26 中,割线 MK 是从圆周的 M 点作出的.如果点 K 被拉近到点 M,割线 MK 将绕着点 M 转动,并且当点 K 最终与点 M 重合时,它将成为圆周在点 M 处的切线.然后它与圆周不再有其他的公共点.不过,这个情形并不是本质性的,而且是次要的.

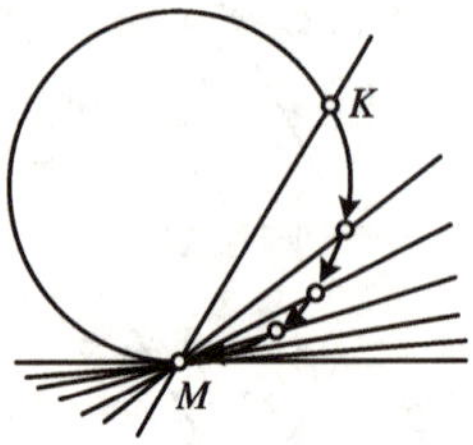

图 6.26

因此,我们采用下面的切线定义.

定义 假设有一条曲线 L 以及这条曲线上的一点 M(图 6.27).通过 M 以及曲线 L 上另外一个任意的点 K,我们作一条直线 MK(经过曲线上任意两点的直线,叫作割线;它有可能与曲线在其他点相交).如果点 K 沿着曲线 L 运动趋近于点 M,割线 MK 将绕着点 M 转动.最终,如果当点 K 与点 M 重合时,这条直线与某一个确定的直线 MN 重合(图 6.27),那么这条直线就叫作曲线 L 在点 M 处的切线.

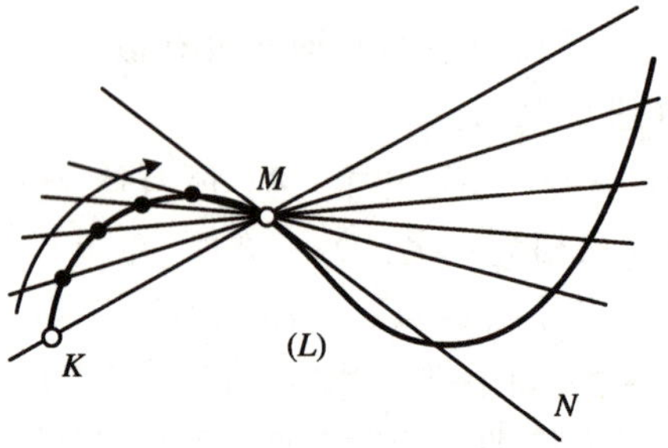

图 6.27

于是,与某一条曲线在点 M 相切的直线,同经过同一点 M 的其他直线之间的本质区别是:对切线来说,它与曲线的公共点——切点——是两个相互趋近的交点汇合之后形成的一个二重点.

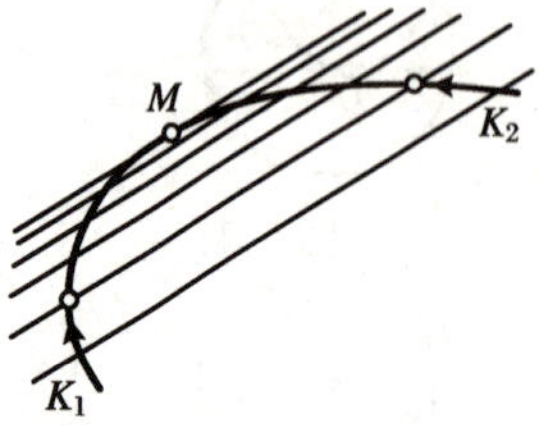

图 6.28

这里没有必要让其中的一个点保持固定:两个交点可以彼此靠近而且在切点重合(图 6.28).偶尔,也有不是 2 个点而是 3 个点在切点处汇合(图 6.29).

注释 1 在定义中,对于曲线和切线的公共点的数目没有进行说明.这个数目可以是任意的.在图 6.30(a)中

读者看到一条直线 G 在点 M 接触而且与它相交于两个以上的点，在图 6.30(b)中，一条直线 MN，它同时在几个点与曲线接触.

注释 2 在切线的定义中，假设了点 K 可以任何的方式趋近于点 M. 在所有的情形下割线应该趋于同一条直线，因此才称之为切线. 如果在 K 趋向于 M 的不同方式下，割线趋近于不同的直线，就说曲线在这一点没有切线.

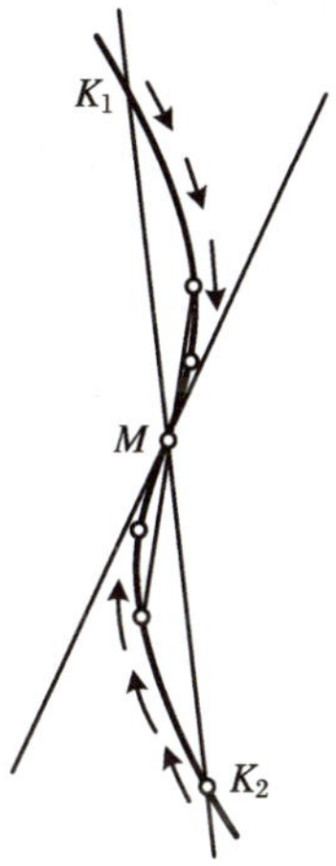

图 6.29

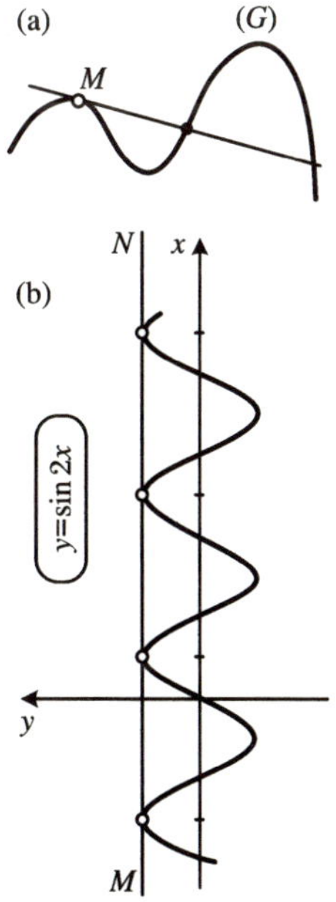

图 6.30

练 习

1. 求出抛物线 $y = x^2 + x$ 在点 $O(0,0)$ 处的切线.

解答 让我们在抛物线上取一点 M，其坐标为 (a, b)，显然，$b = a^2 + a$. 我们过点 O 和 M 作一条直线.

这条直线的方程具有形式 $y = kx$. 在 $x = a$ 我们有 $y = a^2 + a$，因此 $k = a + 1$，并且割线的方程是 $y = (a+1)x$. 现在我们让点 M 趋近于点 O，当点 M 与点 O 重合时，它的横坐标消失了，并且割线 $y = (a+1)x$ 变成了切线 $y = x$.

(**答案** 切线方程是 $y = x$)

2. 求出抛物线 $y = x^2 + x$ 在点 $A(1,2)$ 处的切线. ⊕

3. 在与直线 $y = x$ 相平行的直线中，哪一条直线与抛物线 $y = -x^2 + 1$ 相切? ⊕

4. (1) 证明直线 $y = 0$ 在原点与曲线

$$y = x^3 + x^2$$

相切；

(2) 求出曲线

$$y = x^3 - 2x$$

在原点处的切线.

5. 对什么样的立方抛物线 $y = ax^3 + bx^2 + cx$，x 轴是其在原点处的切线?

第 7 章
有 理 函 数

7.1

有理函数是可以表达为两个多项式的商的那些函数.

有理函数的例子如下：

$$y = \frac{x^3 - 5x + 3}{x^6 + 1};$$

$$y = \frac{(x - 1)^2(x + 1)}{x^2 + 1};$$

$$y = x^2 + 3 - \frac{1}{x - 1}$$[①].

在第 5 章分析的分式线性函数

$$y = \frac{ax + b}{cx + d}$$

是有理函数.它是两个一次多项式的商.

如果函数是两个高于一次的多项式的商，那么它的图像通常将会更加复杂，在作图时要把所有的细节都作出来，有时候会是很困难的.不过，利用类似于我们已经熟悉的那些方法，常常也是够用了的.

---

① $y = x^2 + 3 - \frac{1}{x-1}$是有理函数，因为它可以写成两个多项式比值的形式：

$$y = x^2 + 3 - \frac{1}{x - 1} = \frac{(x^2 + 3)(x - 1) - 1}{x - 1}.$$

7.2

让我们分析一些例子.例如,作出函数

$$y=\frac{x-1}{x^2+2x+1}$$

的图像.

首先,我们注意到在 $x=-1$ 时函数没有定义(因为分式的分母 x^2+2x+1 在 $x=-1$ 等于零).对靠近 -1 的 x,分式的分子 $x-1$ 近似地等于 -2,而分母 $(x+1)^2$ 是正的并且绝对值小.因此,整个分式 $\frac{x-1}{(x+1)^2}$ 将是负的而且绝对值很大(x 越靠近数值 $x=-1$,情况越是如此).

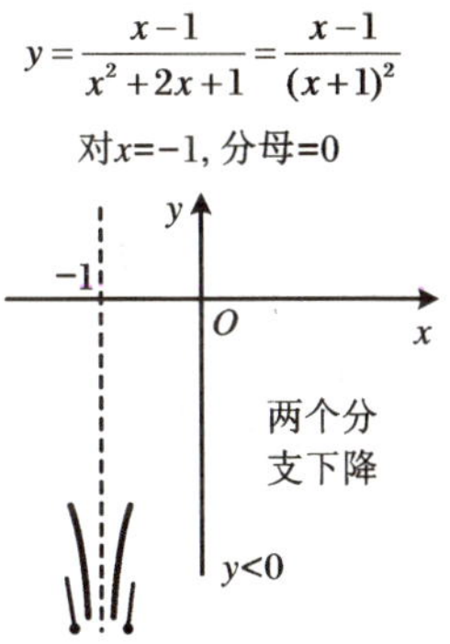

图 7.1

结论 图像分裂成两支(因为图像上没有横坐标等于 -1 的点);当 x 趋向于 -1 时,两个分支都下降.

让我们考虑分子情况.它在 $x=1$ 变为零,因此在点 $x=1$ 图像与 x 轴相交;再画出它与 y 轴的交点(在 $x=0,y=-1$ 处),我们对图像在它的中心部分的行为,就可以有一个大致的看法了(图 7.2).

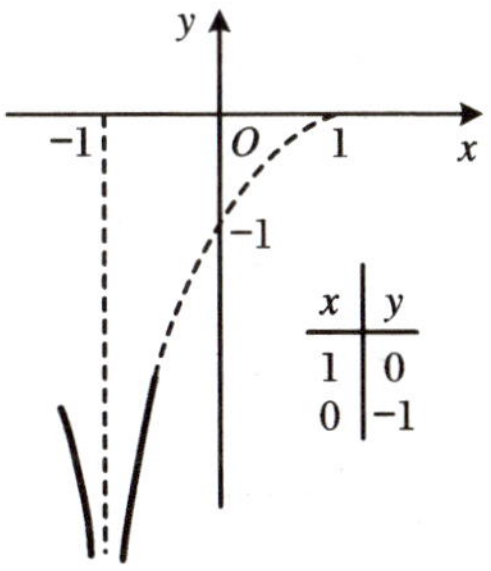

图 7.2

我们还必须看出在 x 绝对值很大的地方,函数会发生什么.

如果 x 是正的而且在增加,分式的分子和分母都在增加.但是由于分子是一次的,而分母是二次的,对大的 x,分母要比分子增大得更快.因此,当 x 增大到无穷大时,函数 $y=\frac{x-1}{x^2+2x+1}$ 越来越接近于零.这样,函数在点 $x=1$ 右边的分支,先上升到稍高于 x 轴的上方(图 7.3),然后又开始下降并且最终趋近于 x 轴.

类似的考虑说明,当分母的绝对值增加时,曲线的左分支也是趋近于 x 轴的,不同的则是它不是从上方,而是从下方趋近于 x 轴(图 7.3).后面我们将说明如何精确地找出右分支达到其最高处的那个点.

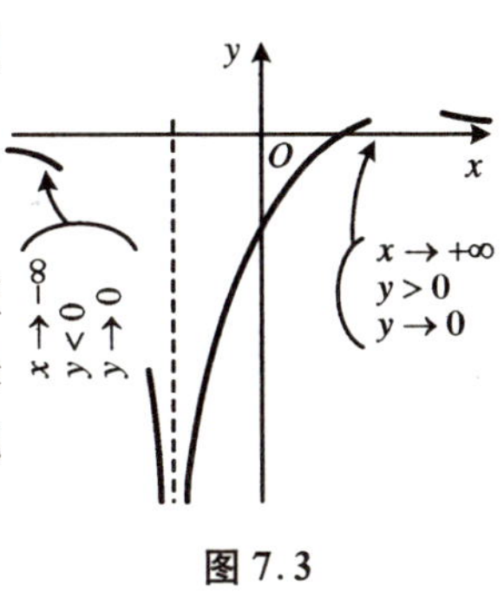

图 7.3

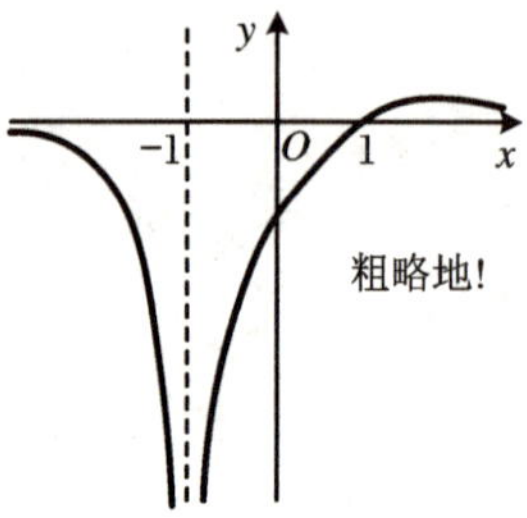

图 7.4

从上述细节,我们可以明了图像的一般形式(图 7.4).

7.3

让我们作出函数

$$y=\frac{x}{x^2+1}$$

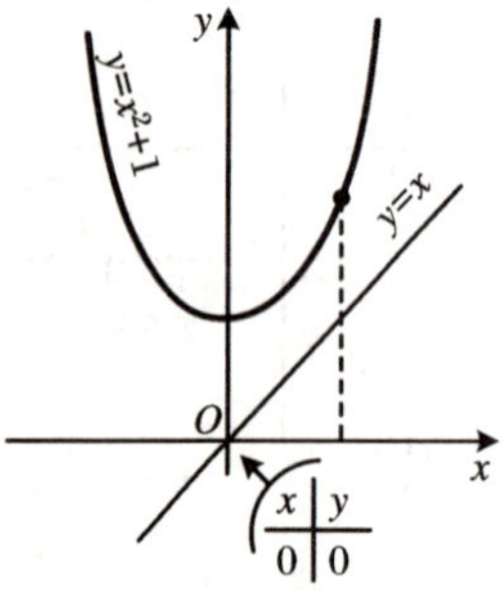

图 7.5

的图像. 为方便起见,我们先画出分子 $y=x$ 和分母 $y=x^2+1$ 的图像(图 7.5). 为了作出这个函数的图像,需要将分子的值除以分母的值.

在 $x=0$ 分子等于零——图像通过原点. 让我们往右边走(即考虑自变量的正值). 由于对非常小的 x, x^2 的值比 x 更加小,

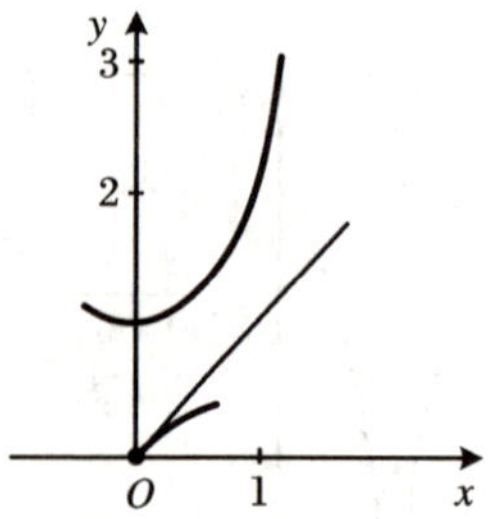

图 7.6

当图像离开原点时,分母将在某些时刻几乎等于 1 (比 1 稍大一些),从而整个函数将近似等于分子 x(比分子稍小一些):图像沿着直线 $y=x$ 延伸,在它的下方逐渐落下(图 7.6).

然而,不久 x^2+1 就远比 x 增长得快了,分母将分子远远地甩在后面,分式开始减小:图像下降(图 7.7).

由于分子是一次的,而分母含有一个 x^2 项,对大的 x 分母比分子增长得要快. 于是,当 x 增加时,分式变得越来越小——图像趋近于 x 轴(图 7.8).

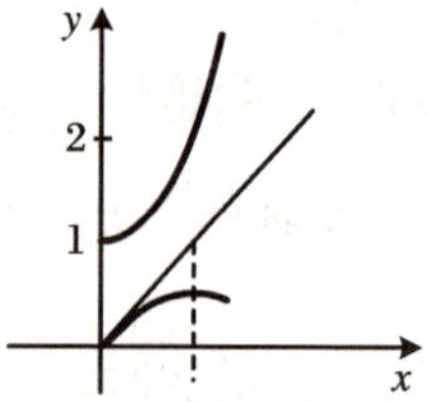

图 7.7

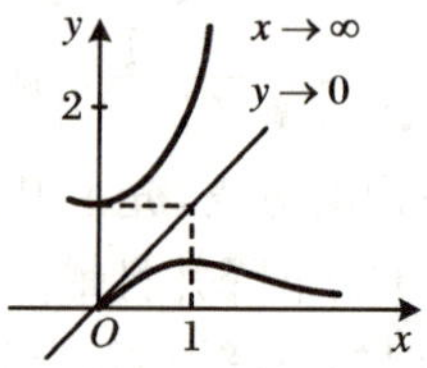

图 7.8

如果注意到所给的函数是奇函数，那么图像的左半边可以类似的方式得到. 在图 7.9 中展示了图像的一般形式.

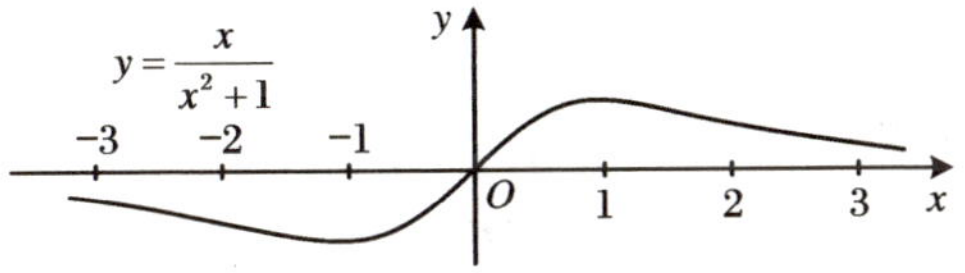

图 7.9

7.4

回到我们刚作出的函数

$$y=\frac{x}{x^2+1}$$

的图像，并利用这个例子来分析另一个有趣的问题. 让我们试着找出图像的右半部分的最高点，如果能准确地找到，那么，也就找到了左半部分的最低点.

显然，我们的曲线不会升得太高，因为分母 x^2+1 相当快地就开始超过分子 x 了. 让我们查看一下曲线是否能够达到等于 1 的高度，也就是说，是否对某个 x，y 的值能够等于 1.

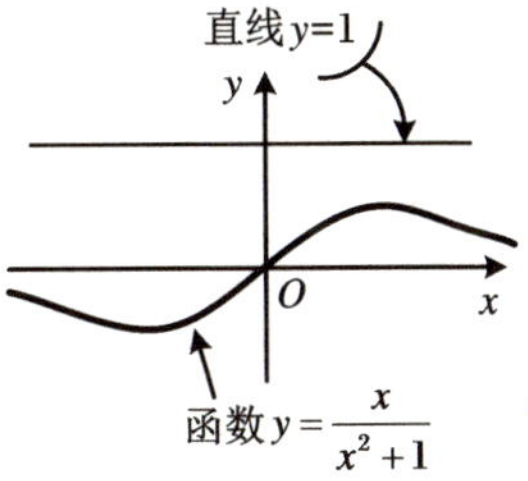

图 7.10

由于 $y=\frac{x}{x^2+1}$，需要解方程$\frac{x}{x^2+1}=1$ 或者方程 $x^2-x+1=0$. 这个方程没有任何实根(验证这点!)于是，在图像上没有纵坐标 $y=1$ 的点——图像不与直线 $y=1$ 相交(图 7.10)

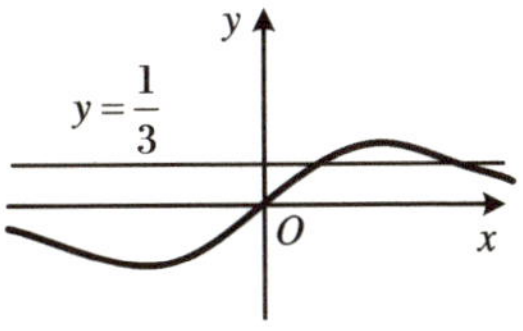

图 7.11

让我们查看一下曲线是否能够达到等于 $y=\frac{1}{3}$ 的高度. 为此，需要令$\frac{x}{x^2+1}=\frac{1}{3}$，或者 $x^2-3x+1=0$. 这个方程有两个实根(验证这点!)，从而我们的图像有两个纵坐标等于$\frac{1}{3}$的点；也就是说，它与直线 $y=\frac{1}{3}$交于两个点(图 7.11).

为了找出最高点，人们需要了解对哪一个最大的 h，

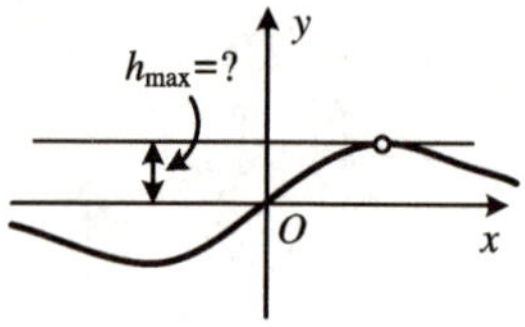

图 7.12

方程$\frac{x}{x^2+1}=h$ 会有解(图 7.12).

让我们将方程$\frac{x}{x^2+1}=h$ 换成方程

$$hx^2-x+h=0.$$

这个方程在

$$1-4h^2\geqslant 0$$

时有解.

因此,我们可以找出图像所能到达的最大高度:

$$h=\frac{1}{2}.$$

让我们求出,y 的这个最大值是在哪个 x 处达到的.因为

$$y=\frac{x}{x^2+1},$$

$$\frac{x}{x^2+1}=\frac{1}{2}, x^2-2x+1=0\text{①},$$

故 $x=1$.

这样图像的最高点是点$\left(1,\frac{1}{2}\right)$.

练　习

找出 $y=\frac{x-1}{(x+1)^2}$的图像的最大纵坐标(参看第 2 章).

7.5

让我们作出函数

$$y=\frac{x^2+1}{x}$$

的图像.

如果注意到

$$\frac{x^2+1}{x}=\frac{1}{\frac{x}{x^2+1}},$$

---

① 得到一个完全平方,仅仅是巧合吗?

它的一般形式是容易作出的，并且我们已经解决了一个问题：由 $y=f(x)$的图像作出 $y=\dfrac{1}{f(x)}$的图像.

在图 7.13 中我们得到一个大致的图形.

让我们用一个不同的方法作出这图像. 为了做到这点，我们要能够解释这条曲线的另一个有趣的特性.

我们用分母除分子：

$$\frac{x^2+1}{x}=x+\frac{1}{x}.$$

现在我们要作出 $y=x+\dfrac{1}{x}$的图像，将已知的图像 $y=x$和 $y=\dfrac{1}{x}$“相加”(图 7.14).

我们看到，$y=\dfrac{x^2+1}{x}$的图像以 y 轴为一条垂直渐近线，当 x 的绝对值减小时，图像趋近于它. 现在很明显，这个图像还有一条斜的渐近线——直线 $y=x$(当没有限制地增加时，趋近于这条直线).

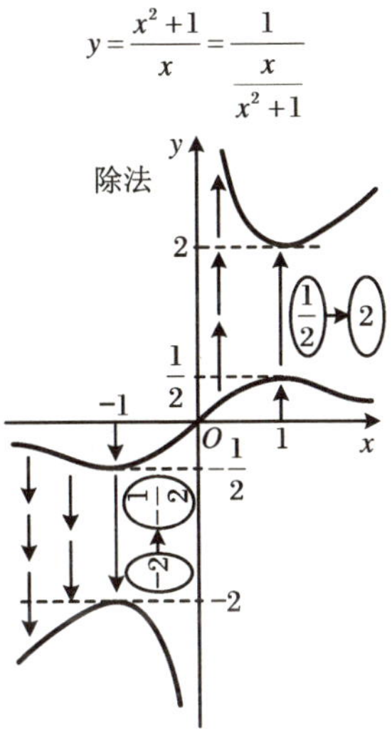

图 7.13

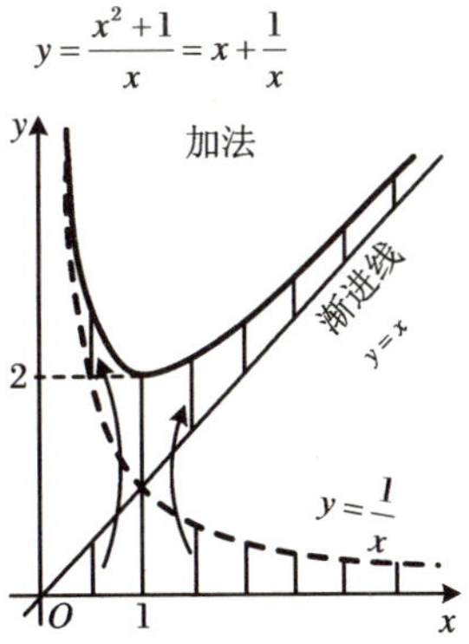

图 7.14

练　习

1. 验证 $y=\dfrac{x^2+1}{x}$的图像关于原点是对称的.

2. 找出 $y=\dfrac{x^2+1}{x}$的图像的右边分支上的最低点.

从这个图像的第一种作图方式(图 7.13)可知，答案是清楚的：$y=\dfrac{x^2+1}{x}$的图像的最低点是由这样的x 达到，它使得 $y=\dfrac{x}{x^2+1}$的图像达到最高点，也就是说，当 $x=1$时，$y=\dfrac{x^2+1}{x}$的图像上纵坐标的最小值等于 2.

我们已经得到了一个有趣的不等式：**对正的** x(考虑图像的右边部分)，我们总有

$$x+\frac{1}{x}\geqslant 2.$$

问题

1. 直接证明不等式

$$x+\frac{1}{x}\geqslant 2 \quad (\text{对 } x>0). \tag{1}$$

2. 证明不等式

$$\frac{a+b}{2}\geqslant\sqrt{ab}. \tag{2}$$

它表达了这个事实:“两个正数 a 和 b 的算术平均值总是大于或等于这两个数的几何平均值.”

对什么样的 a 和 b,不等式(1)是不等式(2)的特例?

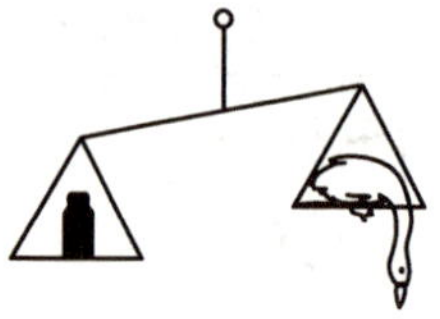

图 7.15

3. 不等式 $x+\frac{1}{x}\geqslant 2$ 被用来解决著名的“诚信商人”问题.一个诚信的商人知道他用来给商品称重的天平秤是不准的,因为天平一侧的横梁比另外一侧的横梁稍微长了点(在那个时代他们仍然使用如图 7.15 所示的那种天平秤).他该怎么办?欺骗顾客将是不诚实的,但是他也不想让自己吃亏.这个商人决定,对每一位买家,将货物中的一半放在其中一个托盘里称,另一半货物则放在另一个托盘中去称.

问题是:作为结果,商人是亏了,还是赚了?

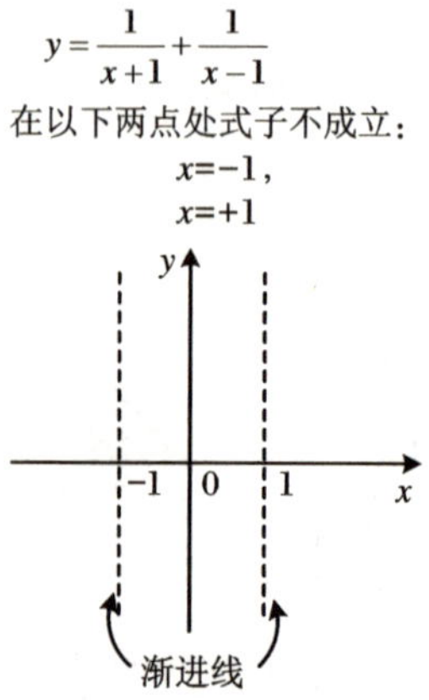

图 7.16

7.6

在下面的例子中,让我们取函数

$$y=\frac{1}{x+1}+\frac{1}{x-1}.$$

它已经是两个函数之和的形式,自然就有可能通过相加 $y=\frac{1}{x+1}$和 $y=\frac{1}{x-1}$的图像来作出它的图像.然而,在这种情形下,从下面的考虑,也许有可能看出图像的一般形式:

(1) 函数在 $x=1$ 及 $x=-1$ 没有定义,从而曲线分成了三个分支(图 7.16).

(2) 当 x 趋向于 1 时,第二项增大,从而整个函数的绝对值增加,这样图像的分支远离 x 轴,趋近于直线 $x=1$,在 $x=1$ 的右侧,曲线向上,而在左侧则曲线往下(图 7.17).

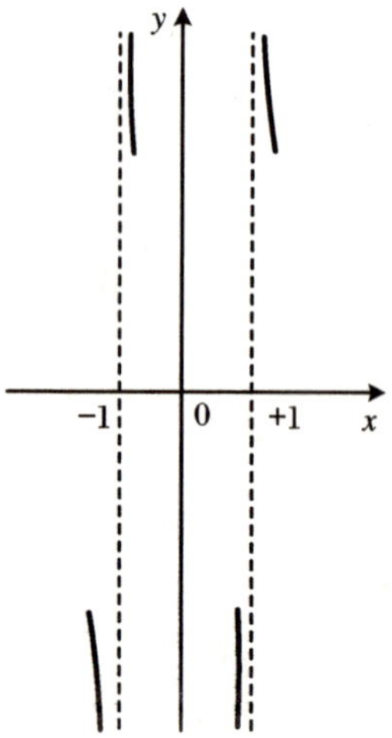

图 7.17

在直线 $x=-1$ 附近产生一个类似的图像.

(3) 在 $x=0$ 处 $y=0$，曲线通过原点(图 7.18).

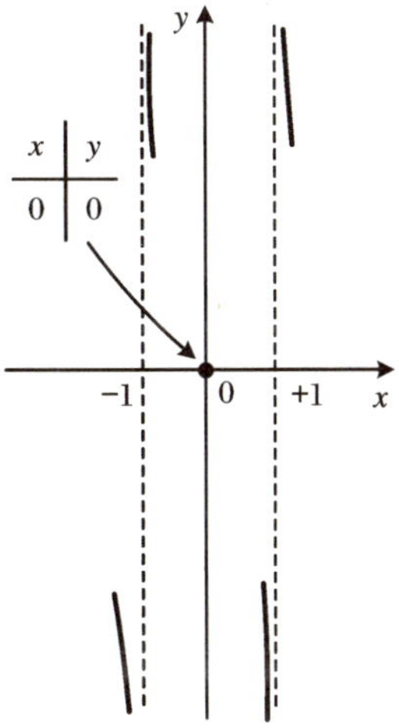

图 7.18

(4) 对绝对值大的 x，两项的绝对值都小，图像的两个最外的分支都趋近于 x 轴：右侧分支从上面趋近，而左侧分支从下面趋近(图 7.19).

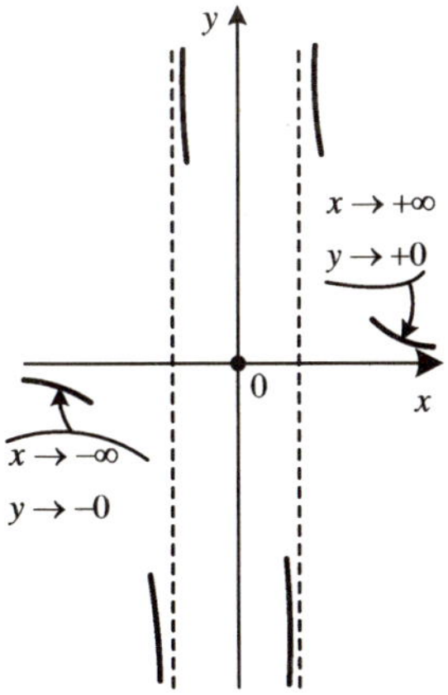

图 7.19

综合所有的这些信息，我们能得到图像的一般形状(图 7.20).

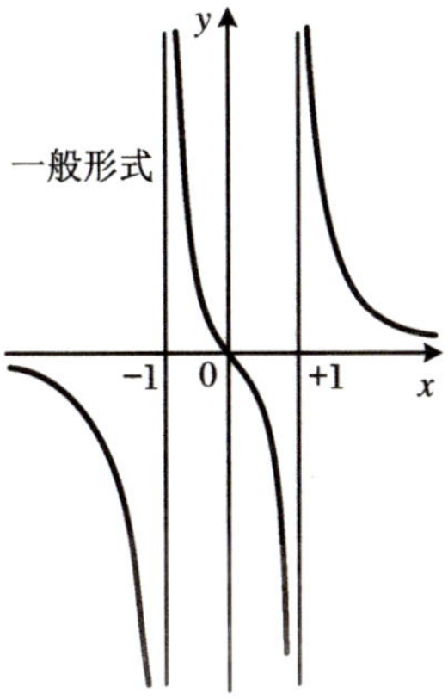

图 7.20

说明这个图像是关于原点对称的.

7.7

前面讨论的例子说明，即使对同一个函数作图像，也可以采用不同的方法. 因此，我们现在要给出更多的例子，并且不会剥夺读者自行选择最合适方法来作出图像的乐趣.

练　习

1. 作出

$$y=\frac{1}{x}+\frac{1}{x+1}+\frac{1}{x+2}$$

的图像并回答这曲线分裂成几段?

2. (1) 作出

$$y=\frac{1}{x-1}-\frac{1}{x+1}$$

的图像.

(2) 作出

$$y=\frac{1}{x}-\frac{1}{x+2}$$

的图像并指出这条曲线的对称轴.

3. 作出下列函数的图像:

(1) $y=\dfrac{1}{(x-1)(x-2)}$;

(2) $y=\dfrac{1}{(x-1)(x-2)(x+1)}$;

(3) $y=x+\dfrac{1}{x^2}$.

第 8 章
独立求解的问题

1. 作出以下函数的图像：

(1) $y=x(1-x)-2$;

(2) $y=x(1-x)(x-2)$;

(3) $y=\dfrac{4-x}{x^3-4x}$;

(4) $y=\dfrac{2|x|-3}{3|x|-2}$;

(5) $y=\dfrac{1}{4x^2-8x-5}$;

(6) $y=\dfrac{1}{x^3-5x}$;

(7) $y=\dfrac{1}{x^2}+\dfrac{1}{x-1}$;

(8) $y=\dfrac{1}{x^2}+\dfrac{1}{x^3}$; ⊕

(9) $y=(2x^2+x-1)^2$;

(10) $y=|x|+\dfrac{1}{1+x^2}$;

(11) $y=\dfrac{x^2+2x}{x^2+4x+3}$;

(12) $y=\dfrac{x^2-2x+4}{x^2+x-2}$;

(13) $y=(x-3)|x+1|$;

(14) $y=|x-2|+2|x|+|x+2|$;

(15) $y=\left[\dfrac{1}{x}\right]$;

(16) $y=\dfrac{|x+1|-x}{|x-2|+3}$;

(17) $y=\dfrac{x}{[x]}$;⊕

(18) 对 a 的不同的值,作出分式线性函数

$$y=\frac{3x+a}{2x+2}$$

的图像.

2. 函数 $y=f(x)$是根据下面的规则定义的:

$$f(x)=\begin{cases}1 & (x>0)\\ 0 & (x=0),\\ -1 & (x<0)\end{cases}$$

这种函数经常遇到,因此它有一个专门的名字:

$y=\operatorname{sign} x$ (读作 x 的符号).

这个函数的图像如图 8.1 所示.对于 $x\neq 0$,函数可以定义为 $y=\dfrac{x}{|x|}$.①

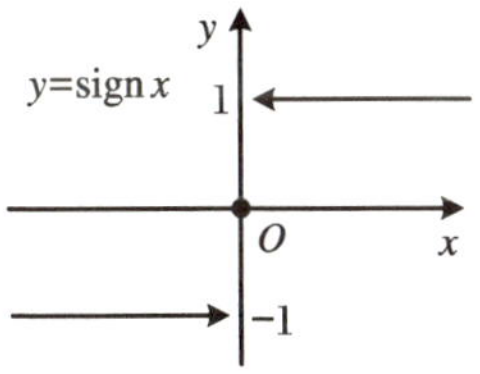

图 8.1

作出下列函数的图像:

(1) $y=\operatorname{sign}^2 x$;

(2) $y=(x-1)\operatorname{sign} x$;

(3) $y=x^2\operatorname{sign} x$.

3. 用一个二次三项式除以另一个二次三项式得到商:

$$y=\frac{ax^2+bx+c}{x^2+px+q}.$$

对于这样的函数,其图像的一般形式取决于分子和分母有多少个根.

(1) 作出下列函数的图像:

$$y=\frac{4x^2-8x+3}{x-x^2};$$

$$y=\frac{x^2-2x+1}{x^2+2};$$

$$y=\frac{3x^2-10x+3}{x^2-x-6}.$$

(2) 如果分子的两个根均小于分母的根,函数

$$y=\frac{ax^2+bx+c}{x^2+px+q}$$

的图像的一般形式是什么样的?

---

① 为什么只对 $x\neq 0$?

(3) 对形如

$$y=\frac{ax^2+bx+c}{x^2+px+q}$$

的函数，分析所有可能的情形，并作出所有可能类型的图像.

试着不要忽略任何一种情形，并且对每一种类型都给出一个例子.

4. 作出函数 $y=\sqrt{3}x$ 的图像.

(1) 证明：除了点(0,0)之外，它不可能通过任何坐标为整数的点.

如果取一个正方形作为度量单位，那么这个正方形的顶点将是这些"整数点". 把原点取在靠近笔记本左下角的地方，并准确地画出直线 $y=\sqrt{3}x$（与 x 轴应该作出多大的角?）. 结果是有一些整数点非常靠近这条直线. 利用这一点，用通常的分数求出$\sqrt{3}$的近似值. 把得到的近似值与表上的近似值$\sqrt{3}\approx1.7321$进行比较.

(2) 一个难题：证明存在一个整数点，它到直线 $y=\sqrt{3}x$ 的距离小于$\frac{1}{1\,000}$①.

在解答问题 5～问题 9 时，可利用适当选取的函数的图像.

5. 下列方程各有多少个解?

(1) $-x^2+x-1=|x|$;

(2) $|3x^2+12x+9|+x=0$;

(3) $\frac{1}{x^2-x+1}=x$;

(4) $|x-1|+|x-2|+|x+1|+|x+2|=6$;

(5) $x(x+1)(x+2)=0.01$;

(6) $|x+3|=|x+2|(x^2-1)$;

(7) $[x]=x \quad (|x|<3)$;

(8) $\frac{1}{x}+\frac{1}{x+1}+\frac{1}{x+2}=100$.

---

① 数$\frac{1}{1\,000}$可以用任何其他的数来代替. 这样就可证明不论所取的数是多么小，总有一个具有整数坐标的点，它离直线 $y=\sqrt{3}x$ 的距离小于这个数.

6. 解下列方程：

(1) $2x^2-x-1=|x|$；

(2) $|2x^2-x-1|-x=0$；

(3) $|x|=|x-1|+|x-2|$.

7. (1) 确定对于不同的 a 值，方程

$$|1-|x||=a$$

有多少个解？

(2) 对方程

$$x^2+\frac{1}{x}=a^{①}$$

回答同样的问题.

8. 解下列不等式：

(1) $\frac{2-x}{x^2+6x+5}>0$；

(2) $x\leqslant|x^2-x|$；

(3) $|x|+2|x+1|>3$.

9. 求出以下函数的最大值，并且确定出它对哪些 x 能达到最大值：

(1) $y=x(a-x)$；

(2) $y=|x|(a-|x|)$；

(3) $y=x^2(a-x^2)$；

(4) $y=\frac{x^2+4}{x^2+x+1}$；

(5) $y=1-\sqrt{2|x|}\quad(|x|\leqslant\sqrt{2})$；

(6) $y=-x^2+2x-2\quad(-5\leqslant x\leqslant 0)$；

(7) $y=\frac{x+3}{x-1}\quad(x\geqslant 2)$.

10. 两条道路以直角相交. 两辆汽车朝着交叉口行驶：在第一条道路上的汽车行驶速度是 60 km/h，在第二条道路上的汽车行驶速度是 30 km/h. 在正午时分，两车均距离交叉口 10 km.

在什么时刻两车的距离是最小的？在此时刻两辆车各在何处？

---

① 分离出不同情形的 a 的数值，可以从图像中大致地看出来.

11. 在具有给定周长的全体直角三角形中，求出具有最大面积的三角形.

12. 假设函数 $y=f(x)$是偶函数，而 $y=g(x)$是奇函数.对下面的函数配对我们可以得出什么结论？

$$y=f(x)+g(x);$$
$$y=f(x)g(x);$$
$$y=|g(x)|;$$
$$y=f(x)-g(x);$$
$$y=f(|x|)-g(x);$$
$$y=f(x)-g(|x|).$$

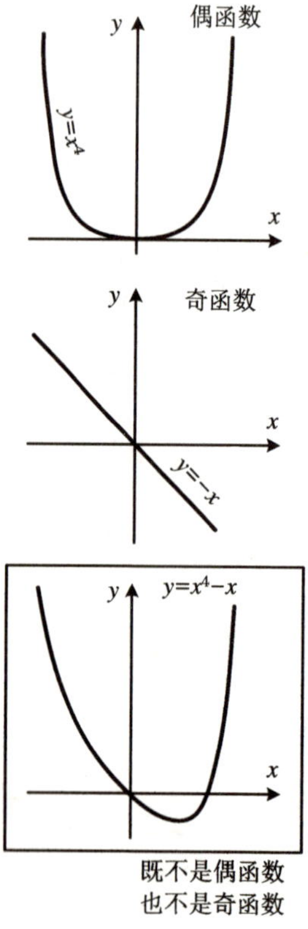

图 8.2

13. 找出具有如下形式的所有的偶函数以及所有的奇函数：

(1) $y=kx+b$；

(2) $y=\dfrac{px+q}{x+r}$；

(3) $y=\dfrac{ax^2+bx+c}{x^2+px+q}$.

14. 函数 $y=x^4-x$ 既不是偶函数也不是奇函数.然而，这个函数却能容易地表示成偶函数 $y=x^4$ 与奇函数 $y=-x$ 之和这样的形式(图 8.2)，要求：

(1) 将函数 $y=\dfrac{1}{x^4-x}$ 表示为一个偶函数与一个奇函数之和.

(2) 证明任何函数 $f(x)$都可以表示为一个偶函数与一个奇函数之和.⊕

15. 对横坐标不同的任意两个点，有一条直线通过它们(线性函数 $y=kx+b$ 的图像).类似地，对横坐标不同，并且不在同一条直线上的任意三点，可以通过它们作一条抛物线(函数 $y=ax^2+bx+c$ 的图像).

求出二次三项式 ax^2+bx+c 的系数，它的图像分别经过下述三个点：

(1) $(-1,0),(0,2),(1,0)$；

(2) $(1,0),(4,0),(5,6)$；

(3) $(-6,7),(-4,-1),(-2,7)$；

(4) $(0,-4),(1,-3),(2,-1)$；

(5) $(-1,9),(3,1),(6,16)$.

16. (1) 对抛物线 $y = x^2$ 进行一个相似变换，相似中心选在原点，相似比等于 2. 得到什么曲线？

(2) 什么样的相似变换将曲线 $y = x^2$ 变为曲线 $y = 5x^2$？

(3) 利用本问题(2)的结果，求出抛物线 $y = 4x^2$ 的焦点和准线；

(4) 证明：所有的抛物线 $y = ax^2 + bx + c$ 都是几何相似的.

17. 证明点 $F\left(0, \frac{1}{4}\right)$以及直线 $y = -\frac{1}{4}$分别是抛物线 $y = x^2$ 的焦点和准线，也就是说，这个抛物线上的任何点到点 $F\left(0, \frac{1}{4}\right)$以及直线 $y = -\frac{1}{4}$都是等距离的.

提示 在抛物线上取一点 M，坐标是(a, a^2). 利用两点间的距离公式，写出这一点到点 $F\left(0, \frac{1}{4}\right)$的距离.[①] 然后再写出点 $M(a, a^2)$到直线 $y = -\frac{1}{4}$的距离.[②]

证明这两个结果相等.

18. 证明点 $F_1(\sqrt{2}, \sqrt{2})$与点 $F_2(-\sqrt{2}, -\sqrt{2})$是双曲线 $y = \frac{1}{x}$的两个焦点；也就是说，这条双曲线上的任何一点到点 F_1 和点 F_2 的距离之差在绝对值上是一个常数.

提示 在双曲线 $y = \frac{1}{x}$上任取一点$M\left(a, \frac{1}{a}\right)$. 利用 a 表示这一点到点$F_1(\sqrt{2}, \sqrt{2})$以及到点 $F_2(-\sqrt{2}, -\sqrt{2})$的距离. 说明这个差的绝对值对所有值都是相同的(因此，不依赖双曲线上点的选取).

19. 接下来的部分，我们给出了 17 个公式以及同样数目的图像. 问题是，你能确定以下哪个公式属于编了号的图像中的哪一个吗？通过这些图像，读者可以发现一些练习的答案.

---

① 两点 $A(x_1, y_1)$和 $B(x_2, y_2)$之间的距离由公式 $d(A, B) = \sqrt{(x_1 - x_2)^2 + (y_1 - y_2)^2}$给出.

② 点 $A(x_1, y_1)$到直线 $y = c$ 的距离等于$|y_1 - c|$.

(1) $y=\dfrac{x^2-4x+3}{x^2-2x}$;

(2) $y=\dfrac{x^2+1}{1-x^2}$;

(3) $y=\left|\dfrac{x}{x+1}\right|$;

(4) $y=-x^5+2x^3-x$;

(5) $y=\dfrac{x^2-1}{x^4+1}$;

(6) $y=\dfrac{\frac{1}{4}-x^2}{x^2+x^4}$;

(7) $y=|1-|x||-|x|+1$;

(8) $y=\dfrac{x+1}{x^3}$;

(9) $y=\dfrac{1}{[x]}$;

(10) $y=\dfrac{x}{[x]}$;

(11) $y=x^3-2x^2+x$;

(12) $y=(1+x)(1-|x|)$;

(13) $y=\dfrac{x^2-2x+4}{x^2+x-2}$;

(14) $y=\left|x-[x]-\dfrac{1}{2}\right|$;

(15) $y=\dfrac{1}{2}|x+1|-\dfrac{1}{2}|x-1|$;

(16) $y=\dfrac{3-4x}{x^2+1}$;

(17) $y=\dfrac{2+x-x^2}{x^2-1}$.

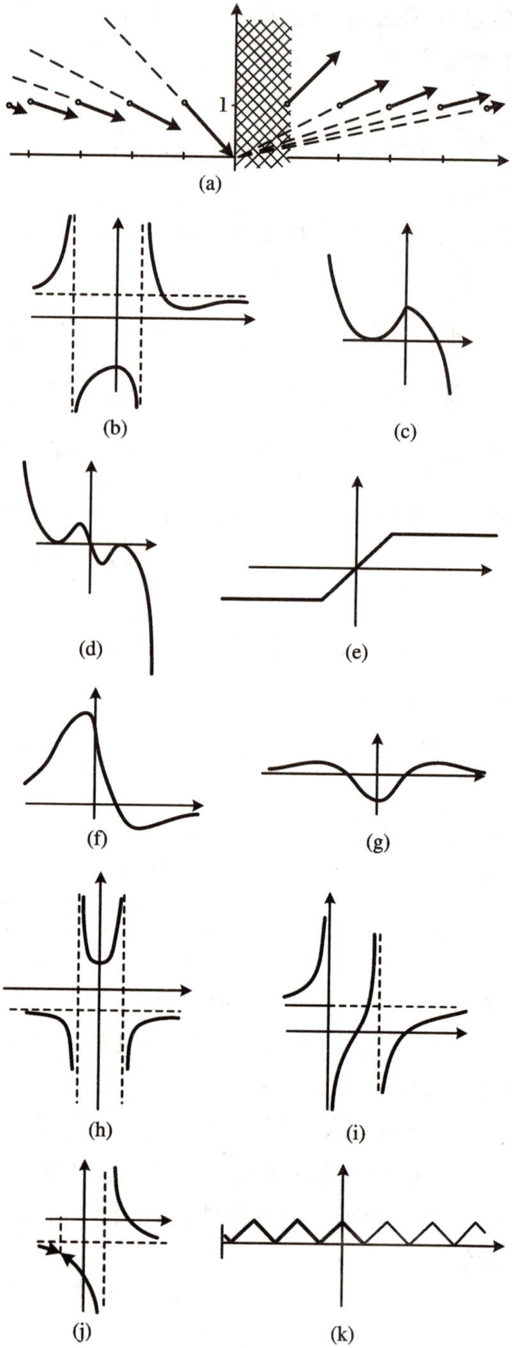

图 8.3

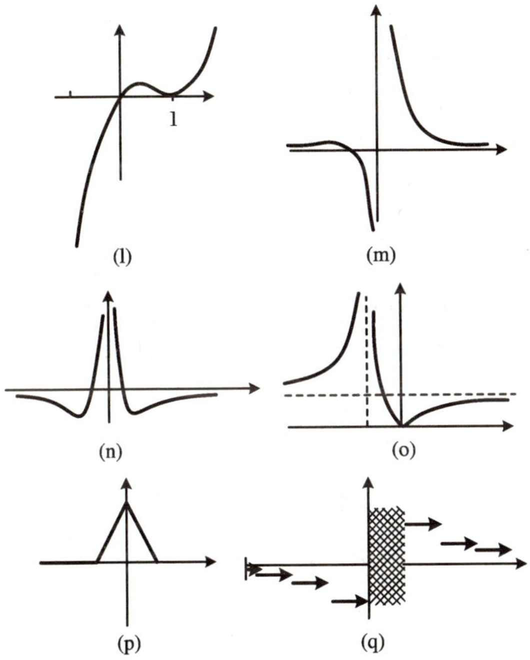

图 8.3(续)

20. 图 8.4 表示函数 $y=f(x)$的图像.

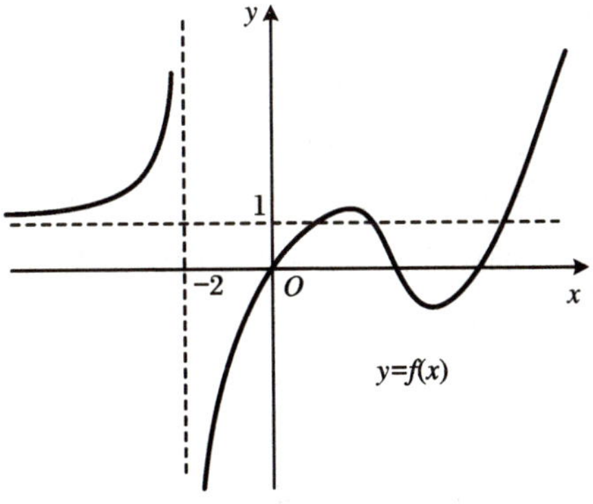

图 8.4

据此画出下列函数的图像的草图：

(1) $y=f(x)-2$；

(2) $y=f(x+2)$；

(3) $y=|f(x)|$；

(4) $y=f(|x|)$；

(5) $y=-3f(x)$；

(6) $y=\dfrac{1}{f(x)}$;

(7) $y=(f(x))^2$;

(8) $y=f(-x)$;

(9) $y=x+f(x)$;

(10) $y=\dfrac{f(x)}{x}$.

21. 在下面画了一个边长是 a 的正方形(图 8.5).曲线 L_s 是所有这样的点的轨迹——它到正方形上点的最小距离等于 s.让我们以 $P(s)$表示曲线 L_s 所围出的面积:

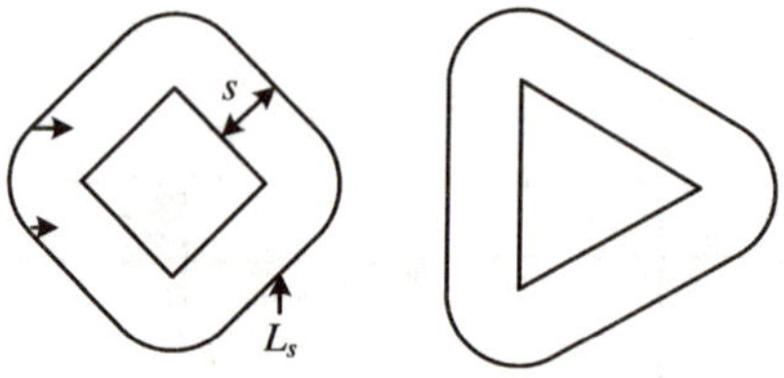

图 8.5

(1) 求出作为 s 的函数的$P(s)$;

(2) 求解类似于本问题(1)的问题,但是取边长为 a 和 b 的矩形,而非正方形;

(3) 对边长为 a,b 和 c 的三角形解答同样的问题;

(4) 对半径为 r 的圆,解答同样的问题.

22. 你能看出关于上一题的 $P(s)$结果表达式的规则吗?对任何凸的图形写出一个一般性的公式.对非凸的图形这个公式成立吗?

23. 我们要考察形如 $x^2+px+q=0$ 的二次方程;每一个这样的方程完全由两个数 p 和 q 决定.让我们约定用平面上坐标为(p,q)的点来代表这个方程.例如,方程 $x^2-2x+3=0$ 由点 $A(-2,3)$来代表;方程 $x^2-1=0$ 由点 $B(0,-1)$代表,要求:

(1) 相应于原点的方程是什么?

(2) 画出两根之和为零的方程所对应的点的集合.

(3) 在平面上随机地取一点.如果对应于该点的方程有两个实根,用绿色铅笔标记这一点.如果方程没有实根,则用红色铅笔标记.多取几个点,做同样的事情.你能说明平面的哪个部分是由“绿色”的点占满以及哪个部分由“红色”的点占满吗？将“绿色”的点与“红色”的点分离开来的是什么曲线？相应于这条曲线上的点的方程有几个根？

(4) 具有正实根的方程所对应的是什么样的点集？

(5) 如果已知方程的一个根是 1,那么这些方程能够对应什么点集？

24．一辆汽车匀加速行驶,直到某一时刻,然后开始匀速行驶(以获得的速度)．在图 8.6 中描述了这辆汽车的运动图像．证明直线 AB 与抛物线 OKM 相切．

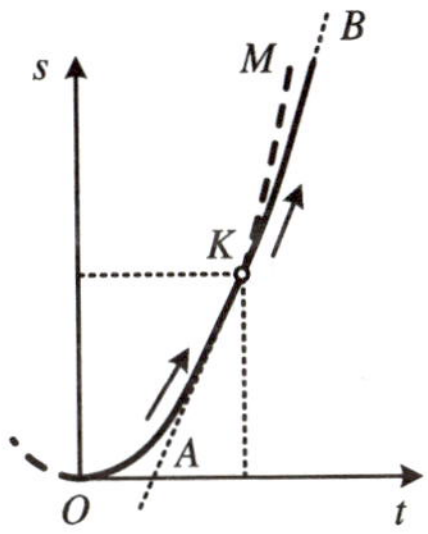

图 8.6

25．(1) 利用图像来确定下列三次方程解的数目：

① $0.01x^3 = x^2 - 1$；

② $0.001x^3 = x^2 - 3x + 2$．

(2) 求出这些方程的根的近似值．

26．(1)在第 3 章中图 3.16 说明了多项式函数 $y = x^4 - \frac{5}{2}x^2 + \frac{9}{16}$的图像可以由多项式函数 $y = x^4 - 2x^3 - x^2 + 2x$ 的图像沿着 x 轴平移得到．求出这个平移的值．

(2) 求解四次方程

$$x^4 - 6x^3 + 7x^2 + 6x - 8 = 0.$$

提示 沿着 x 轴平移多项式函数 $x^4 - 6x^3 + 7x^2 + 6x$ 的图像使得它变成某个双二次多项式函数的图像．

(3) 在什么条件下曲线

$$y = x^4 + bx^3 + cx^2 + dx + e$$

具有对称轴？⊕

27．让我们来解 3.6 节练习 4．总共有 $19 + 9 + 26 + 8 + 18 + 11 + 14 = 105$ 根火柴．因此需要得到一种在每一个盒子中有 $105 \div 7 = 15$ 根火柴的分配方式．

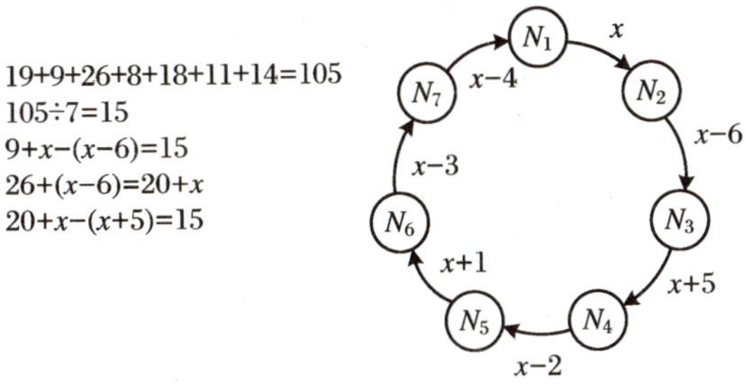

图 8.7

让我们用 x 表示应该从第一个盒子往第二个盒子中移去的火柴的根数(当然,可能需要从第二个盒子往第一个盒子移动火柴,在此情形下 x 是负的.)在我们从第一个盒中移走 x 根火柴后,第二个盒子中将有 $x+9$ 根火柴.

于是需要从第二个盒子向第三个盒子中移去 $x-6$ 根火柴,从第三个盒子向第四个盒子中移去 $x+5$ 根火柴.类似地,从第四个盒子向第五个盒子移去 $x-2$ 根,从第五个盒子向第六个盒子移去 $x+1$ 根,从第六个盒子向第七个盒子移去 $x-3$ 根,并且最后从第七个盒子向第一个盒子移去 $x-4$ 根火柴.

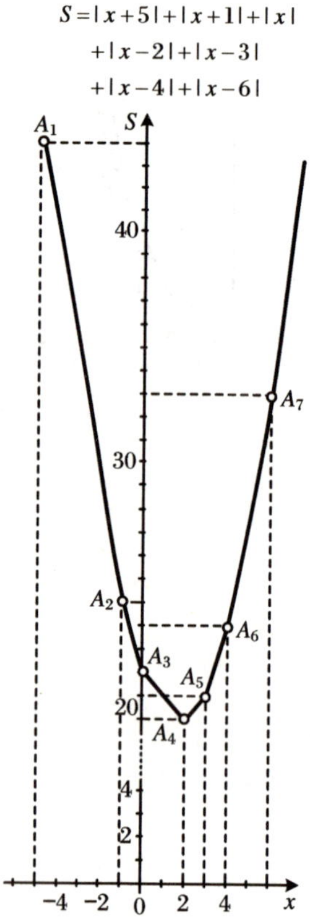

图 8.8

现在让我们用 S 表示所移动的火柴的全部数目:

$$S=|x|+|x-6|+|x+5|+|x-2|+|x+1|+|x-3|+|x-4|$$

在这个公式中,我们用了绝对值符号,因为我们只对移动火柴的数目感兴趣,而对它们移动的方向并不关心.

现在我们要选择 x 使得 S 具有最小值.函数 $S=f(x)$ 的图像在这里会有帮助(图 8.8):图像的最低点是顶点 A_4,也就是说函数 $S=f(x)$ 在 $x=2$ 处取得它的最小值.这样 x 已经求出了,我们可以说出应该移动多少火柴以及它们应该移到何处(图 8.9).自然,对任意数目(n)的盒子,这个问题也可以用同样的方式来解决.为此,像我们的例子中一样,需要写出 S 的表达式.它将是

$$S=|x|+|x-a_1|+|x-a_2|+\cdots+|x-a_{n-1}|$$

的形式.

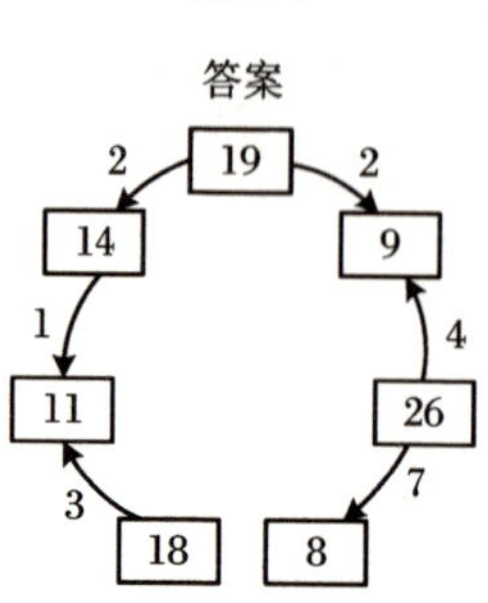

图 8.9

为了在 n 是奇数的情形下求出所要的 x 的值,可用下面简单的法则:数 $0, a_1, a_2, \cdots, a_{n-1}$ 应该以上升的顺序写出来,在此之后,选取 x 等于恰好位于这一列数的中心的那一个数(当是奇数时,这样的一个数总是能够找到的).考虑一下当 n 是偶数时,图像的样子如何.

然后尝试在这种情形下求出 x 的法则.

这个问题类似于一个游戏,是与沿着环路进行运输这一实际问题相关的.想像一条圆形的铁路,沿路均匀分

布着车站.在有些车站存放着煤炭;在另外一些车站则有需要用煤的客户,所有这些煤都是供应给他们的.图 8.10 中标明了煤场煤炭的储量以及每个用户的需求量(用负号表明).

利用前面问题的解答,设计出最经济的运输方案.

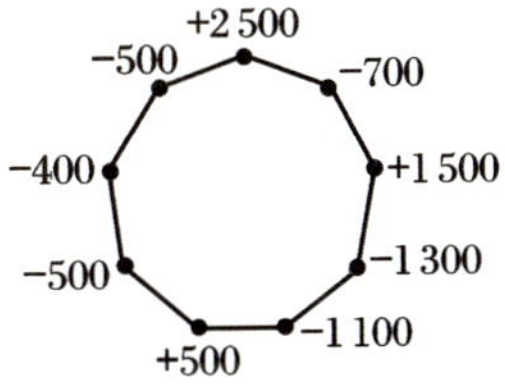

图 8.10

标有符号⊕的问题和练习的解答

P.15 练习 2(2),可在 P.88 和 P.89 的图像中寻找答案.

P.28 练习 3(2),对图 3.12 中的图像,可在 P.88 和 P.89 的图像中寻找答案.

P.32 练习 3,提示,这个函数可在一整个的线段上取到最小值.

P.33 问题 4,为 P.91 问题 27 的解答.

P.54 练习 2(2).不,它没有.这个事实的严格证明不是很简单的,我们不在此给出.然而,由于 x 轴和 y 轴是这条曲线的渐近线,仅有的可能的对称轴应该是直线 $y=x$.容易证实这条直线并不是对称轴.

P.73 练习 2,切线方程是 $y=3x-1$.

P.73 练习 3,提示,方程组

$$y=x+a;$$
$$y=-x^2-1.$$

有两个相重合的解.

P.82 问题 1(8)及 P.83 1(17),可在 P.88 和 P.89 的图 8.3 中寻求答案.

P.84 问题 3(2),解答如下:

我们举一个具体数字的例子.假设分子的根为 -5 和 0,分母的根为 $+2$ 和 $+4$.那么我们的函数将具有如下形式:

$$y=\frac{ax(x+5)}{(x-2)(x-4)}.$$

让我们取 a 的一个具体的值，比如说，$a=2$. 函数

$$y=\frac{2x(x+5)}{(x-2)(x-4)}$$

在 $x=2$ 和 $x=4$ 没有定义. 当 x 趋近于这些值时，分母减小，趋近于零；从而，函数的绝对值无限制地增大——直线 $x=2$ 和 $x=4$ 是图像的铅直渐近线.

函数在 $x=0$ 和 $x=-5$ 等于零. 让我们在 x 轴上标出图像上的两个点：$(0,0)$ 和 $(-5,0)$.

自变量的这 4 个“特殊的”值，$x=-5,0,2,4$，把轴分成了 5 个区间. 当 x 通过任一个区间的边界时，函数改变符号（变为零或者“跑向无穷”）（图 8.11）.

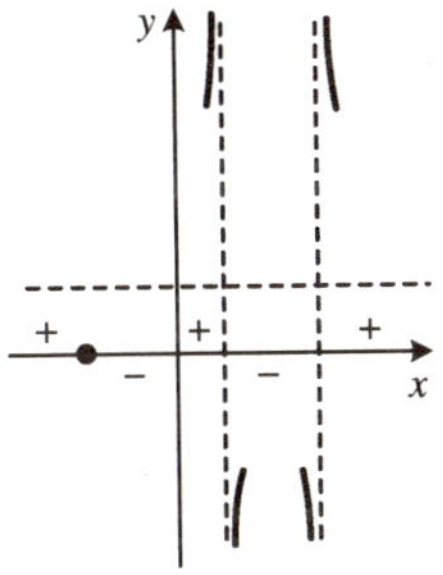

图 8.11

我们必须解释当自变量的绝对值无限制地增大时的函数的行为. 让我们用大的数代替 x（比如说，$x=10\,000$，$1\,000\,000$ 等）. 由于 $2x^2$ 远大于 $10x$，而 x^2 远大于 $-6x+8$，故函数

$$y=\frac{2x(x+5)}{(x-2)(x-4)}=\frac{2x^2+10x}{x^2-6x+8}$$

将近似等于分子和分母最高次项的比值

$$y=\frac{2x^2+10x}{x^2-6x+8}\approx\frac{2x^2}{x^2}=2,$$

并且 $|x|$ 越大，它越靠近 2. 因此，当 x 远离原点时，图像趋近于直线 $y=2$.

在图 8.12 中给出了图像的一般形式. 在所有的分子的根均大于分母的根的情形下，图像都近似的是这个样子.

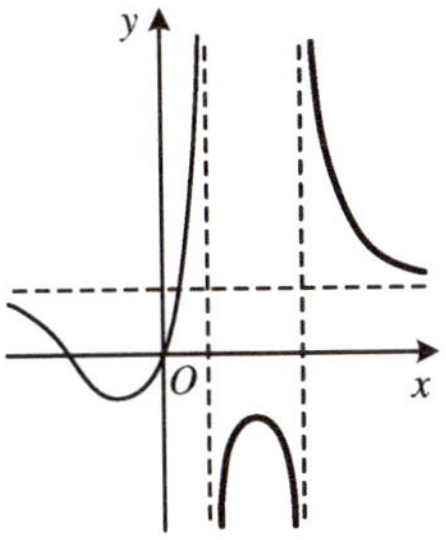

图 8.12

P.86 问题 14，数学中常常有这样的情况，在一般情形下，问题反而比在具体情形下要容易解决. 因此，我们先解决问题 b，而将 a 的解答作为一个特殊情况.

于是，假设我们给定了某个函数 $f(x)$. 让我们假想问题已经得到解决了，也就是说，$f(x)$ 已表示成一个偶函数 $g(x)$ 和一个奇函数 $h(x)$ 的和：

$$f(x)=g(x)+h(x). \qquad (1)$$

由于这个等式对所有的 x 值都成立，可以用 $-x$ 代替 x，并且我们得到

$$f(-x)=g(-x)+h(-x). \qquad (2)$$

因为函数 $g(x)$ 是偶的，而 $h(x)$ 是奇的，$g(-x)=$

$g(x)x$且$h(-x)=-h(x)x$.利用这一点，我们首先把方程(1)和方程(2)相加，然后将其中一个减去另外一个；我们发现

$$f(x)+f(-x)=2g(x);$$
$$f(x)-f(-x)=2h(x).$$

由此函数和可以被求出，且得到将函数分解为一个偶函数与一个奇函数之和：

$$f(x)=\frac{f(x)+f(-x)}{2}+\frac{f(x)-f(-x)}{2}. \quad (3)$$

注意，我们得到的结论的正式证明要更加简单：写出方程(3)的分解式，验证它是对所有的都成立的恒等式，并且右端的第一项是一个偶函数，而第二项是一个奇函数.

问题14(1)的解直接由方程(3)得到：

$$\frac{1}{x^4-x}=\frac{x^2}{x^6-1}+\frac{1}{x^7-x}.$$

注 如果函数 $y=f(x)$对 x 的某些值没有定义，那么函数 $g(x)$和 $h(x)$将也不会对所有的 x 值有定义.在这种情形下，有可能 $f(x)$对某些函数 x 有定义，而 $g(x)$和 $h(x)$却没有定义.

P.91 练习 26(3)，$4d=b^3+2bc$.